Nachbar Frankreich

Ein kleiner Leitfaden für ein besseres Verständnis zwischen Deutschen und Franzosen

Dieter Maupai

2. ergänzte Auflage

Titelbild: Leon Maupai

ISBN 9781980743651

Für
Isabelle und Philippe

INHALT

VORWORT

Der gewählte Titel Nachbar Frankreich macht deutlich, dass es sich hier um einen Blick auf Frankreich handelt, der von einem bestimmten Standpunkt aus erfolgt und deshalb trotz aller Bemühungen um Objektivität subjektiv bleiben muss. Das Reizvolle an diesem Büchlein aber ist, dass es auch eine zweite Perspektive mit einbezieht und deshalb auch der Nachbar Deutschland ins Blickfeld gerät. Das Überkreuzen dieser beiden Perspektiven lässt hoffentlich das deutlicher erscheinen, was sonst vielleicht unbeachtet geblieben wäre.

ERFAHRUNGEN EINES DEUTSCH-FRANZÖSISCHES EHEPAARES

Kurz vor der Gründung der Europäischen Union hat ein Schweizer mit viel Humor die Vorurteile, die über die verschiedenen Nationen in Umlauf sind, so beschrieben:

„Am besten wäre es, wenn im künftigen Europa die Engländer die Polizisten stellen würden, die Franzosen die Köche, die Italiener die Liebhaber, die Deutschen die Organisatoren und die Schweizer die Financiers. Am schlimmsten wäre es bestellt, wenn die Engländer als Köche walteten, die Franzosen als Polizisten, die Italiener als Organisatoren, die Deutschen als Liebhaber und die Schweizer als Kassiere."

(Geistmann, 2003)

Am schlimmsten hat es demnach meine Frau getroffen, die sich in jungen Jahren als Liebhaber einen Deutschen ausgesucht hat, mit dem sie nun schon seit fast 50 Jahren verheiratet ist. Auf diese Weise ist ihr Leben wenigstens ordentlich organisiert. Da ich seit zehn Jahren auch die französische Staatsangehörigkeit besitze, hat sie auch noch einen guten Koch zu Hause, was sie mindestens teilweise über meine unterstellte Mangelhaftigkeit als Liebhaber hinwegtröstet.

GESPRÄCHSVERHALTEN

Anders als manch anderen Ehepaaren gehen uns beiden die Gesprächsthemen nie aus: das Leben in Frankreich, das Leben in Deutschland, das Verhältnis zwischen Deutschen und Franzosen und viele ähnliche mehr. Natürlich hat meine Frau Recht, wenn sie sagt, dass in Frankreich alles schöner, besser und eleganter ist. Als ich ihr gerade bei Tisch meinen Standpunkt dazu erklären will, fällt sie mir abrupt ins Wort und bringt mich aus dem Konzept. Ich bin jedes Mal beleidigt, wenn sie mich nicht ausreden lässt und finde ihr Verhalten unmöglich.

Aber für sie ist das der Ausdruck emotionaler Anteilnahme; sie kann meine Reaktion nicht verstehen. Damit ein seriöses Gespräch funktioniert, muss man in Deutschland den Gesprächspartner ausreden lassen. In Frankreich gelten andere Regeln. Der Gesprächsaustausch wird eher als intellektuelles Spiel empfunden, als Ping-Pong-Spiel, *du tac au tac*, wie der Franzose sagt. Bei Talkshows im Fernsehen kommt es nicht selten vor, dass vier oder fünf Personen gleichzeitig reden: das macht die Sendung erst richtig interessant.

Einen anderen Grund für dieses unterschiedliche Gesprächsverhalten hat der in Frankreich lebende deutsche Altphilologe Heinz Wismann entdeckt. Und zwar liegt der in der Syntax, also dem Satzbau der beiden Sprachen begründet. Im Französischen stehen die wichtigsten Informationen am Satzanfang, nämlich Subjekt und Prädikat. Bei zusammengesetzten Substantiven kommt zuerst der wichtige Begriff, danach die nähere Erläuterung: *une salle de classe* - im Deutschen ist es genau umgekehrt, das Wichtigste steht erst an zweiter Stelle: ein Klassenzimmer. Außerdem befindet sich im deutschen Satz, sofern es sich um einen Nebensatz handelt, das Verb am Ende.

Um zu verstehen, was ein deutscher Sprecher ausdrücken will, muss man also notgedrungenermaßen das Ende des Satzes abwarten. Das ist der Horror aller Simultandolmetscher, die vom Deutschen ins Französische oder ins Englische übersetzen müssen. Den absolut schlimmsten Fall stellt jedoch eine im schriftlichen bzw. wissenschaftlichen Deutschen nicht seltene Klammerkonstruktion dar, die den Artikel von seinem dazugehörigen Bezugswort trennt.

Ich möchte hinzufügen, dass der 1935 in Berlin geborene, in Heidelberg und Lille lehrende und in Frankreich lebende Altphilologe und Philosophiehistoriker Heinz Wismann das sehr lesenswerte und 2012 erschienene Buch „Penser entre les langues" (Zwischen den Sprachen denken) geschrieben hat.

Zur Erklärung: Der mit „dass" beginnende Nebensatz endet mit dem Prädikat („geschrieben hat"), das in der (englischen, französischen) Übersetzung gleich an zweiter Stelle nach dem Subjekt („der 1935 in Berlin geborene, in Heidelberg und Lille lehrende und in Frankreich lebende Altphilologe und Philosophiehistoriker Heinz Wismann") stehen muss. Aber dieses Subjekt im deutschen Nebensatz lässt auf sich warten; außerdem werden Artikel („der") und Bezugswörter („Altphilogoge und Philosophiehistoriker") voneinander getrennt. In diese Klammerkonstruktion eingeschoben sind dann noch einige weitere Informationen: „1935 in Berlin geboren, in Heidelberg und Lille lehrend und in Frankreich lebend". Ähnlich verhält es sich mit dem Objekt, bei dem auch wieder Artikel („das") und Bezugswort („Buch") weit voneinander entfernt stehen und durch die Zusatzinformation „sehr lesenswert und 2012 erschienen" getrennt werden. Wer also vom Deutschen in die Fremdsprache simultan dolmetscht, braucht nicht nur ein gutes Konzentrationsvermögen, sondern auch viel Geduld und ein gutes Gedächtnis!

Da wir Deutsche immer offen, ehrlich und direkt sein wollen, fällt uns der *small talk* auch so schwer. Über Belangloses reden und dabei auch noch schmeichlerische Komplimente machen, das entspricht nicht unserer Art. *Faire rire*, die anderen zum Lachen zu bringen, das ist nicht nur der durchaus gewünschte Nebeneffekt vieler Alltagsgespräche, sondern auch die Absicht einer Reihe beliebter Rundfunksendungen in Frankreich. Es geht dabei darum, durch Wortwitz, Humor und anspielungsreiche Formulierungen die Gesprächspartner und Zuhörer zum Lachen zu bringen. Die Anspielungen sind dabei meist sexueller Art. Das knisternde Verhältnis zwischen Mann und Frau ist in Frankreich omnipräsent. Mindestens die Hälfte aller Wortspiele fällt in diesen Bereich. Sogar im öffentlichen Rundfunk und Fernsehen gehören sie sozusagen zum guten Ton. Mein Beispiel stammt aus dem Börsenbericht, bei dem es um die Aktienkurse ging, *les actions en bourse*. Diese Formulierung veranlasste den Journalisten sofort zu dem Wortspiel *les bourses en action*. Mit *les bourses* bezeichnet man im Französischen das, was man in der deutschen Vulgärsprache Eier nennt - also: die Eier in Bewegung.

Ich schäme mich fast, dieses Beispiel anzuführen, da diese Verbalerotik in Deutschland sehr verpönt ist. Da jedoch die französischen Begriffe häufig äußerst vieldeutig sind, bieten sich Wortspiele dieser oder anderer Art einfach an. Nehmen wir einmal das Lautgebilde ‚wär'. Es kann bedeuten *verre*: Glas, *vert*: grün, *vers*: Vers, *vers*: in Richtung oder *ver*: Wurm. Da der Franzose zudem - wie wir noch sehen werden - ein besonders inniges Verhältnis zu seiner Sprache hat, ist es nicht verwunderlich, dass er der Versuchung eines Wortspiels nicht widerstehen kann.

Und das hat natürlich, wie so vieles, auch historische Gründe. Wer am Hof der französischen Könige in Versailles als Höfling die Gunst des Herrscher nicht verlieren wollte, der musste sich als brillanter Gesprächspartner auszeichnen. Und das tat man, indem man die Damen des Hofes und den König zum Lachen brachte. Und diese Art bzw. Kunst der Konversation hat sich bis heute erhalten und steht in hohem Ansehen. Auch heute noch macht im Gespräch derjenige eine gute Figur, der sich wie ein *honnête homme* verhält. Das ist jemand, der sich in Gesellschaft zu verhalten weiß, über ein gutes Allgemeinwissen und gute Umgangsformen verfügt und vor allem den leichten Plauderton beherrscht. Rechthaberei und eine Sache solange ausdiskutieren, bis es zum Streit kommt - wie es hier manchmal beobachtet werden kann - ist genau das Gegenteil dessen, was man in Frankreich von einem Gespräch erwartet.

Wir sehen jetzt schon: Trotz aller kulturellen Ähnlichkeiten gibt es zwischen Deutschland und Frankreich bedeutende interkulturelle Unterschiede. Diese aufzuzeigen werde ich mich im Folgenden bemühen. Eine vorschnelle Wertung dessen, was anders ist, kann jedoch gefährlich werden und zu falschen Urteilen führen. Vielmehr geht es darum, diese Unterschiede im Lichte eines anderen Wertesystems, eines anderen Lebensgefühls, einer anderen Geschichte und Kultur zu sehen und zu verstehen.

HÖFLICHKEIT UND UMGANGSFORMEN

Für den deutschen Begriff Höflichkeit gibt es im Französischen zwei Entsprechungen: *courtoisie* und *politesse.* Unter Höflichkeit versteht man den Prozess der Zivilisation, der sich zuerst in der Feudalgesellschaft bei Hofe herausgebildet hat. Er ist geprägt durch gesellschaftliche Normen und Umgangsformen, die sich häufig in unseren beiden Ländern ähnlich sind. Man begrüßt und verabschiedet sich, sagt bitte und danke und zeigt sich respektvoll anderen, vor allem älteren Menschen gegenüber.

Aber schon beim Begrüßen beginnen die Unterschiede. Ein deutscher Händedruck, besonders ein männlicher, ist fest und kräftig und man sieht dabei am besten dem zu Begrüßenden in die Augen. In Frankreich schüttelt man sich viel öfter die Hände, am Arbeitsplatz manchmal sogar jeden Morgen. Der Händedruck ist recht sanft, anschauen muss man sich dabei nicht unbedingt. In der Familie und unter Verwandten und guten Freunden begrüßt und verabschiedet man sich mit einer *bise*, mit einem Wangenkuss. Genau genommen berühren sich dabei nur die Wangen und der Kuss geht in die Luft. Je nach Gegend oder Familientradition geschieht das Ganze einmal, zweimal oder dreimal.

Es gibt auch noch andere Unterschiede. So sieht man in der französischen Öffentlichkeit kaum einen Vertreter des sogenannten starken Geschlechts, der einer Dame in den Mantel hilft. Drückt man sich, zum Beispiel vor der Kasse eines Supermarkts, an einer Schlange vorbei, so ist in Frankreich praktisch immer ein *Pardon, Monsieur / Pardon, Madame* zu hören. Die deutsche Entsprechung „Entschuldigung“ oder „Verzeihung“ stellt wahrscheinlich ein allzu langes Wortgebilde dar, um in solchen Fällen bemüht zu werden. Gelegentlich wird es durch ein „hoppla“ oder „sorry“ ersetzt. Und dass man beispielsweise an Orten mit großem Publikumsverkehr - z.B. an Bahnhöfen oder in Kaufhäusern - die Tür für den Nachfolgenden offen hält, ist eine Geste, die offenbar auf dem langen Weg von Paris nach Berlin verloren gegangen ist.

Der deutlichste Unterschied liegt in dem Bereich, der durch den Begriff *politesse* abgedeckt wird. Das Wort kommt von *polir*, unserem deutschen polieren, das heißt die Oberfläche glätten und zum Glänzen bringen. Das geschieht im Französischen meistens verbal und wird von uns häufig als oberflächlich oder gar heuchlerisch empfunden. Wir legen auf Effizienz und Direktheit großen Wert. Ein Ja ist ein Ja und ein Nein ist ein Nein. Schon in der Vorschule lernen die kleinen Franzosen, dass es heißt: *‚Oui madame, Bonjour monsieur‘*. Satzfreie Gesprächsfragmente an der Supermarktkasse wie *‚Hallo - Deutschlandkarte? – Tschüss‘* würde man in Frankreich, wo man meistens in ganzen Sätzen miteinander verkehrt, als unhöflich empfinden.

A propos Supermarkt oder Einkaufen allgemein. Es fällt auf, dass in französischen Geschäften wesentlich mehr geredet wird als in deutschen. Die Kontaktaufnahme wird dadurch erleichtert, dass man nicht erst einen Satz formulieren muss wie z.B. „Wer ist jetzt an der Reihe?“ Es gibt das praktische Kontaktwort *Monsieur* bzw. *Madame*, mit dem der Verkäufer oder die Verkäuferin den Kunden auffordert, seine Wünsche zu äußern. Und auch an der Kasse nimmt man sich mehr Zeit, es muss nicht unbedingt schnell und effizient zugehen. Oft wird zuerst der Einkaufswagen wieder gemächlich bestückt, dann Geldbeutel oder Brieftasche gesucht und manchmal mit einem Scheck bezahlt, auf dessen Rückseite dann aber noch die Nummer des Personalausweises notiert werden muss.

Und noch etwas: selbst kleinste Kleinigkeiten, nicht nur der Flacon *Chanel* oder *Dior*, werden liebevoll verpackt, denn die Ästhetik spielt eine große Rolle und man will ja auch das Auge erfreuen. Das trifft nicht nur auf Geschenke zu, nein auch die köstlichen *pâtisseries* gehen nur in einer hübschen Verpackung über die Theke. Ausgenommen ist natürlich das Baguette, das früher von Hand zu Hand den Besitzer wechselte, heute aber meistens in einer Papiertüte steckt.

Wer Französisch in der Schule gelernt hat, der erinnert sich vielleicht noch an die *formules de politesse*, die am Briefende zu verwenden sind. Hier eine relativ kurze: *Veuillez agréer, chère Madame, l'expression de mes sentiments distingués.* Warum so umständlich? Es geht doch auch einfacher. Mit drei Buchstaben ist im Deutschen alles gesagt: MfG.

Als letztes Beispiel in diesem Zusammenhang soll hier das unterschiedliche Verhalten am Telefon angeführt werden. In Frankreich meldet sich der Gesprächsteilnehmer mit einem *allô* - Betonung auf der zweiten Silbe - in Deutschland mit seinem Nachnamen, der auf der ersten Silbe betont wird (Müller) - was in französischen Ohren wie ein Bellen klingt und als sehr unangenehm empfunden wird.

Und noch etwas: In beiden Ländern unterschreibt man natürlich mit seinem Namen. Eine französische Unterschrift erscheint als ein äußerst individuelles, nicht lesbares Kunstwerk, an dessen Aussehen lange gefeilt wurde. Ganz wichtig ist dabei der schwungvolle Schluss-Strich, der die Dynamik der Persönlichkeit zum Ausdruck bringen soll. Dagegen sieht eine deutsche Unterschrift in der Regel recht bieder aus und kommt der normalen Schreibschrift ziemlich nahe. (Im Internet findet man als Beispiele die Unterschriften von Charles de Gaulle, François Hollande, Nicolas Sarkozy, Emmanuel Macron sowie von Frank-Walter Steinmeier und Winfred Kretschmann.)

INDIVIDUALISMUS

Die Franzosen halten sich für sehr ausgeprägte Individualisten, was sie jedoch nicht daran hindert, am ersten Augustwochenende sowie zu Beginn der Winterferien immer wieder die gleichen Autobahnen zu verstopfen. Zwar empfiehlt *Bison futé*, der schlaue Büffel, wie die französische Verkehrswacht heißt, die Fahrt in die Ferien nicht gleich am ersten Tag anzutreten, aber: *On est en République*. Man lebt ja schließlich in einer Republik, die jedem Freiheit garantiert, auch die Freiheit, alles so zu tun wie die anderen auch.

Individualismus hat in Frankreich eine andere Bedeutung als in Deutschland. Individualismus ist das, wodurch sich die aufmüpfigen Gallier gegenüber den übermächtigen Römern auszeichneten. Unter Individualismus versteht man in unserem Nachbarland einen Akt der Aufmüpfigkeit, des Protests gegen irgendwelche, besonders staatliche Autoritäten. Gegen die Bevormundung des Staates muss man sich wehren. Und diese Gegenwehr kann verschiedene Formen annehmen.

Man geht bei Rot über die Ampel, obwohl das ja verboten ist, man fährt ohne Fahrschein mit öffentlichen Verkehrsmitteln, man weigert sich, ein von der Polizei ausgesprochenes Verwarnungsgeld zu bezahlen. Aus diesem Grund gibt es auch viele Kontrollen. So muss man, anders als in Deutschland, vor dem Fahrtantritt sein Ticket bei der Metro an einer Sperre entwerten - so soll Schwarzfahren erschwert werden. Aber es gibt ja auch die Möglichkeit - je nach körperlicher Fitness - darunter durchzukriechen oder mit einem Satz darüber wegzuspringen.

Die kleinen Betrügereien des Alltags werden so zum Ausdruck von Individualität umgeformt. Man trickst an den Steuerbehörden vorbei und hält es mit der *honnêteté*, der Ehrlichkeit, nicht immer so genau. Es gibt unzählige französische Filme, in denen äußerst liebenswerte Gauner und Betrüger der Sympathie des Publikums gewiss sind. Dahinter ist sicherlich noch der katholische Einfluss zu spüren: nach kleinen Sünden kann selbstverständlich Absolution erteilt werden. Protestantisch geprägte Eigenverantwortlichkeit sieht etwas anders aus.

Das deutsche Verständnis von Individualismus geht dagegen mehr in Richtung Eigenverantwortlichkeit. Deutlich wird dieser Unterschied im Erziehungswesen der beiden Länder. In Deutschland lässt man den Kindern einen großen Freiraum zur Persönlichkeitsentwicklung in Elternhaus und Kindergarten bis zum sechsten Lebensjahr. Auch Grund- und weiterführende Schulen lassen der individuellen Entwicklung breiten Raum und erziehen letztendlich zu Eigenverantwortung.

SCHULE UND ERZIEHUNG

Obwohl die Schulpflicht erst mit sechs Jahren beginnt, besuchen so gut wie alle französischen Kinder ab drei Jahren die *école maternelle*. Diese Vorschule nimmt auch jüngere Kinder auf, im Jahr 2015 waren das 11,5% aller Zweijährigen. Es handelt sich dabei nicht um einen Kindergarten, sondern um eine Schule, in der nach Stundenplan in Klassenzimmern unterrichtet wird. Das Erzichungsministerium in Paris erlässt die Lehrpläne und übt die Aufsicht aus über die Lehrkräfte, die über eine universitäre Ausbildung verfügen. Der globale Bildungsauftrag lautet: Integration in die Gesellschaft und Vorbereitung auf die Schule.

Wenn die Kinder in die *école primaire* (Grundschule) kommen, können sie schon in Ansätzen lesen, schreiben und rechnen. Sie lernen in der *école maternelle* natürlich auch singen, tanzen, basteln, malen etc. Im Gegensatz zum Kindergarten wird weniger Wert auf Freispiel gelegt. Kreativität und das spielerische Verhalten werden in der Regel unter ein bestimmtes Motto gestellt. So lernen französische Vorschulkinder früh, Bilder nach Vorlage von bekannten Malern anzufertigen. Neben diesem Einblick in die Kunstgeschichte wird den Kindern auch das Themenfeld Literatur spielerisch nähergebracht.

Die Stundentafel der *école maternelle* unterscheidet sich nur geringfügig von derjenigen der *école primaire*. Vormittags wird von montags bis freitags in beiden Schularten drei Stunden lang unterrichtet, meistens von 9.00 bis 12.00 Uhr. Dann folgt eine zweistündige Pause, in der die Kinder in der Schulkantine essen können. Außer am Mittwoch (und am Samstag) findet auch nachmittags Unterricht statt, zwei Stunden in der Vorschule, etwas länger in der Grundschule. An den Unterricht schließt sich bis 17.00 oder 18.00 Uhr die Betreuungszeit an.

Eine jüngst geäußerte Absicht des Staatspräsidenten Macron ist es, bereits den Besuch der *école maternelle* verpflichtend zu machen. Ändern würde dies an der gegenwärtigen Situation kaum etwas, da jetzt schon so gut wie alle Kinder diese Vorschule besuchen. In Deutschland würde ein solcher Vorschlag einen Aufschrei des Entsetzens hervorrufen.

Dahinter steckt sicherlich die Absicht, die Kinder aus den Familien der zahlreichen nordafrikanischen Einwanderer so früh wie möglich in die Obhut der *école de la République* zu überführen. So sollen ihnen so früh wie möglich die republikanischen Werte Freiheit, Gleichheit, Brüderlichkeit vermittelt werden. Diese Maßnahme soll auch einer möglichen späteren Radikalisierung vorbeugen.

Französische Kinder verbringen den allergrößten Teil des Tages in der Schule. Ihre Eltern geben sie sehr früh und sehr gerne in die Obhut des Staates, denn schließlich handelt es sich ja dabei um die prestigeträchtige *école de la République*, die Schule der Republik. Sie ist eine Errungenschaft der III. Republik und wurde von Jules Ferry 1881/82 eingeführt. Nach der Niederlage im Preußisch-französischen Krieg haben sich die Republikaner gegen die Monarchisten und Kommunisten durchgesetzt und wollten nun ihre Ideale in einer verpflichtenden, kostenlosen, öffentlichen und laizistischen Schule unterrichtet wissen.

Die Lehrer dieser fortschrittlichen und allen offen stehenden Schulen nannte man *instituteurs* bzw. *institutrices*. *Instituer* heißt etwas einrichten, einsetzen, dauerhaft machen. Die Lehrer hatten also die Aufgabe, durch ihren Unterricht und ihre Erziehung die Werte der Republik, nämlich Freiheit, Gleichheit und Brüderlichkeit, der Jugend zu vermitteln.

Präzisierend muss hier hinzugefügt werden, dass in Frankreich nicht die Schule verpflichtend ist, es gibt also keine Schulpflicht. Verpflichtend ist lediglich der Unterricht: *l'instruction*. Dieser kann - wie in Deutschland auch - in staatlichen oder privaten Schulen erteilt werden oder aber auch - ähnlich wie in den Vereinigten Staaten - von Eltern oder irgendwelchen anderen kompetenten Personen. So ist es nicht verwunderlich, dass französische Eltern ihre Kinder den öffentlichen oder auch privaten Schulen von morgens bis abends überlassen. Dort herrscht übrigens deutlich mehr Disziplin und Ordnung als in deutschen Schulen. Die Schüler lernen, sich in die Gesellschaft einzuordnen, die Autorität der Lehrer anzuerkennen und sich dieser unterzuordnen. Das deutsche Prinzip des ständigen Hinterfragens findet im französischen Erziehungsmodell keine Anwendung. Die Wissensvermittlung steht an oberster Stelle, unterrichtet wird oft frontal und das Auswendiglernen steht hoch im Kurs.

Der Geschichtsunterricht im Fächerverbund *histoire-géographie* setzt schon in der Grundschule ein und schafft so schon früh ein Bewusstsein für eine gemeinsame Geschichte und Identität. Selbst in den damaligen Kolonien begannen die Geschichtsbücher mit dem Satz: *Nos ancêtres, les Gaulois* - die Gallier, unsere Ahnen. Auf diese Weise integrierte und assimilierte das französische Schulsystem über viele Jahrzehnte hinweg Hunderttausende von Einwanderer-Kindern, zu denen unter anderen auch der ehemalige Staatspräsident Sarkozy gehörte.

Trotz der Vielfalt der deutschen Bildungslandschaft ist in Deutschland das dreigliedrige Schulsystem die Regel. In Frankreich schließt sich an die Grundschule das vierjährige *collège* an - wir würden sagen die Sekundarstufe I für alle Schüler. Danach kommt dann das dreijährige *lycée*, also das Gymnasium, das mit dem *baccalauréat*, dem Abitur, abschließt. Ziel ist hier eine möglichst enzyklopädische Wissensanhäufung, um in den zahlreichen Prüfungen bestehen zu können. Französische Schüler verhalten sich deshalb auch im Vergleich zu ihren deutschen Altersgenossen sehr passiv. Sie schreiben sehr viel im Unterricht mit und lernen dann den vermittelten Stoff nach Möglichkeit auswendig.

Eine äußerst beliebte Form der Leistungskontrolle ist die *dissertation*, der Aufsatz. Hier spielt die Form mindestens eine genau so große Rolle wie der Inhalt. Das Schema Einleitung - Hauptteil (These, Gegenthese, Synthese) - Schluss muss strikt eingehalten werden, auch der Umfang der einzelnen Teile zueinander muss im richtigen Verhältnis stehen. Originalität und Kreativität sind nicht gefragt. Die in deutschen Schulaufsätzen manchmal zu findende Formulierung „ich meine, ich glaube, ich denke“ ist in einer französischen *dissertation* undenkbar. Hier muss man sich auf Autoritäten berufen, die aus dem Gedächtnis zu zitieren sind, und die Argumentation muss schlüssig sein.

Der egalitäre Zentralismus spielt auch im französischen Schulsystem eine große Rolle. Überall in Frankreich wird nach den gleichen Lehrplänen unterrichtet. Manchmal kommt es vor, dass in Weißenburg im Elsass, in Paris und auf Korsika am gleichen Tag der gleiche Stoff unterrichtet wird. Schließlich gibt es ja ein echtes Zentralabitur, das am gleichen Tag im ganzen Land durchgeführt wird.

Während die deutschen Abiturienten in der Oberstufe fleißig anrechenbare Punkte gesammelt haben, beginnen die französischen Abiturienten wieder bei Null. Ihre schriftlichen Arbeiten werden einmalig von einem fremden Lehrer korrigiert. Ob das Abitur bestanden oder ob eine mündliche Zusatzprüfung erforderlich ist, erfahren die Prüflinge an einem Aushang am Schwarzen Brett. An einen Abi-Scherz oder eine große Abi-Feier - wie bei uns üblich - ist bei diesem Stress nicht zu denken.

Die Erfolgsquote beim Abitur liegt übrigens bei ungefähr 80% , weitere 10% erhalten das begehrte Zeugnis durch eine mündliche Zusatzprüfung - in Deutschland wäre ein solches Ergebnis eine Katastrophe. Wenn hier auch nur ein Schüler eines Jahrgangs beim Abitur durchfällt, ist das eigentlich schon die Ausnahme von der Regel. So richtig wertvoll wird das französische Diplom aber erst ab einem bestimmten Notendurchschnitt, der dann auch eine *mention*, eine Auszeichnung verleiht. Knapp über die Hälfte der Kandidaten schaffen das.

Einen wesentlich höheren Stellenwert als die individuelle Förderung nimmt im französischen Schulsystem neben dem Prinzip der Gleichheit die Selektion ein. Schon früh werden die Besten gefördert und die weniger Guten ausgesiebt. Ein Lob des Lehrers im Unterricht hat Seltenheitswert, vielmehr werden die Lernenden auf bestehende Defizite hingewiesen. Das stärkt natürlich nicht das Selbstbewusstsein der Schüler.

Der Selektionsdruck, der französische Schüler während ihrer Ausbildung begleitet, lässt sich auch an folgender Tatsache ablesen: Die Zahl der sogenannten Sitzenbleiber ist bei unseren Nachbarn die höchste in Europa. 28 % aller Jugendlichen im Alter von 15 Jahren haben 2015 mindestens eine Klasse wiederholt, 2007 waren es sogar 38 %. In den skandinavischen Ländern liegt die Quote unter 5 %, in Deutschland waren es immerhin 20 %. (Quelle: RTL 2019)

Es soll hier aber auch angemerkt werden, dass die gegenwärtige Regierung im Augenblick Pläne entwickelt, das Abitur umzugestalten. So ist zum Beispiel daran gedacht, dass Anrechnungspunkte aus der Oberstufe in die Abiturwertung eingebracht werden können, was man im Französischen *contrôle continu* nennt. Auf diese Weise könnte etwas Druck aus der punktuellen Prüfung genommen werden. Außerdem soll eine halbstündige mündliche Prüfung verpflichtend werden. Es regt sich aber schon Widerstand gegen diese Pläne, da die Anrechnungspunkte von den Fachlehrern vergeben würden - und das verstieße gegen das Prinzip der Gleichheit.

Zum Abschluss dieses Themenkomplexes noch ein paar interessante Ergänzungen. Praktisch bis zum Abitur übergeben die Eltern ihre Kinder in die Verantwortung der Schule, die den gesamten Tagesablauf regelt. Schon kurz nach der Geburt können die Eltern ihr Kleinkind in eine der zahlreichen Kinderkrippen geben, ab dem zweiten Lebensjahr kann es in die *école maternelle* aufgenommen werden. Eine französische Mutter stillt ihr Baby im Durchschnitt deutlich weniger lang als eine deutsche. Für sie ist es wichtig, ihre Feminität zu erhalten und das Kind nicht in den Mittelpunkt ihres gesamten Lebens zu stellen. Sie kehrt deshalb auch sehr früh nach der Geburt ihres Kindes wieder in den Beruf zurück. Das Vorhandensein einer Infrastruktur und die Tatsache, dass Kinder sich in eine Familien- und Gesellschaftsstruktur ein- und sich der unterzuordnen haben, sind sicher auch wesentliche Gründe dafür, dass die Geburtenrate in Frankreich die höchste in Europa ist. Eine berufstätige Frau stellt den Normalfall dar, und niemand käme auf die Idee, sie deshalb eine „Rabenmutter“ zu nennen. Allein deshalb schon nicht, weil es diesen Begriff im Französischen nicht gibt.

BERUFSTÄTIGE MÜTTER

C*rèches* und *écoles maternelles*, also Kinderkrippen und Vorschule, sowie ein nicht zu verachtendes Kindergeld sind also der Grund dafür, dass Familien mit zwei oder drei Kindern in Frankreich fast die Regel darstellen. Aber ermöglichen sie es den Müttern wirklich, Familie und Beruf problemlos miteinander zu vereinbaren? Der Muttertag des Jahres 2017 bot der Elternzeitschrift *Parents* die Gelegenheit, den Tagesablauf einer berufstätigen Mutter nachzuzeichnen. Hier die (etwas gekürzte) deutsche Übersetzung:

6.45 Uhr: Der Wecker klingelt. Mein erster Reflex: die Bettdecke über den Kopf ziehen und weiterschlafen. Aber schnell holt mich die Wirklichkeit wieder ein: Der Wecker klingelt ein zweites Mal.

7.00 Uhr: Nachdem ich 10 Minuten lang im Halbschlaf durch die Wohnung getaumelt bin, finde ich mich in der Küche wieder, wo ich das Frühstück der Kinder und das Fläschchen unseres Nesthäkchens vorbereite.

7.15 Uhr: Jetzt werden die Kinder geweckt. Danach geht's in Richtung Badezimmer mit dem Jüngsten in der Babywippe. Ich dusche, während die Kinder frühstücken.

7.35 Uhr: Nun sind die Kinder im Badezimmer und ich ziehe mich an, wobei ich unseren Jüngsten im Auge habe, der für die Kinderkrippe fertiggemacht werden muss.

8.10 Uhr: Alle sind fertig, aber Louis hat sich gerade dazu entschlossen, sein Frühstück wieder heraus zu befördern. Schnell ziehe ich ihm in seinem Zimmer einen neuen Pulli über.

8.25 Uhr: (Verspäteter) Aufbruch Richtung Kinderkrippe und Schule.

8.45 Uhr: Nachdem ich mich der Kinder entledigt habe (dieser Ausdruck ist nicht nur ironisch gebraucht!) geht es in Richtung überfüllte Metro. Was für ein Vergnügen, 40 Minuten lang zwischen unbekannten Menschen eingeklemmt zu sein!

9.30 Uhr: Nach einem zehnminütigen Fußmarsch Ankunft am Arbeitsplatz. Noch bevor ich mit der Arbeit anfange, fühle ich mich schon total ausgelaugt.

Von 9.31 bis 18.35 Uhr: Im Dauerstress, weil ich immer Angst habe, dass das Telefon klingelt und die Tagesmutter mir verkündet: „Ihr Sohn ist krank, holen Sie ihn bitte sofort ab!"

18. 35 Uhr: Dauerlauf bis zur Metro.

19.25 Uhr: Verspätete Ankunft bei der Tagesmutter, die seit 10 Minuten auf mich wartet.

19.30 Uhr: Den Kleinsten baden und die Hausaufgaben der Älteren kontrollieren.

19.40 Uhr: Jetzt muss das Abendessen vorbereitet werden.

20.00 Uhr: Papa kommt nach Hause. Eine kleine Atempause? Enttäuschte Hoffnung: Monsieur muss erst ein bisschen entspannen.

20.10 Uhr: Eigentlich sollte das Abendessen jetzt beginnen, aber Julien sitzt noch vor seiner Spielkonsole. Endlich greift Papa ein, aber nur, weil er Hunger hat.

20.45 Uhr: Ich schicke die Kinder zum Zähneputzen und bringe sie ins Bett. Ich überprüfe den Inhalt ihrer Schulranzen und lege ihnen die Kleider für den nächsten Tag heraus.

21.30 Uhr: Papa hat den Tisch abgedeckt, aber vergessen, die Teller in die Spülmaschine zu stellen. Aber ich mache das schon, denn er will jetzt nicht gestört werden: das Fernsehen überträgt ein Fußballspiel.

22.00 Uhr: Ich gehe unter die Dusche und genieße den schönsten Augenblick des Tages.

22.30 Uhr: Jetzt kann ich ein wenig auf dem Sofa entspannen. Aber eine Viertelstunde später fällt mir ein, dass ich vergessen habe, die Wäsche in die Waschmaschine zu tun.

23.00 Uhr: Ich erwische gerade noch das Ende meiner Lieblings-Serie im Fernsehen. Den Anfang habe ich wegen der Wäsche verpasst.

23.45 Uhr: Endlich im Bett!

23.50 Uhr: Jetzt wartet mein Lieblingsmann auf seine Streicheleinheiten. Natürlich ist die Routine dem Eheleben kaum zuträglich, aber wann soll man denn sonst miteinander kuscheln?

24.00 Uhr (oder 00.10 Uhr wenn er in Form ist): Endlich ist Schlaf möglich.

02.15 Uhr: Unser acht Monate alter Jüngster weckt mich durch sein Schreien. Er schläft noch nicht die Nacht durch.

Und in weniger als 5 Stunden klingelt der Wecker wieder.

Natürlich kann dieser Tagesablauf nicht verallgemeinert werden, allein schon deshalb nicht, weil er vor allem typisch ist für den Pariser Großraum, in dem allerdings ein Fünftel der französischen Bevölkerung lebt. Der Ausspruch *métro*, *boulot*, *dodo* (Metro, Arbeit, Schlaf) bringt sicherlich nicht nur das Leben in den Vorstädten von Paris auf einen Nenner, sondern auch das in den anderen Metropolen wie z.B. Lyon, Marseille, Lille, Bordeaux usw. Und auf dem Land muss oft ein weiter Weg zur Arbeitsstätte zurückgelegt werden und die schulpflichtigen Kinder müssen manchmal recht lange Strecken im Schulbus auf sich nehmen.

Vergleicht man diesen Tagesablauf mit dem einer durchschnittlichen deutschen Familie, so fallen einige bemerkenswerte Unterschiede auf. Da ist zunächst einmal die

Tatsache, dass Schul- und Arbeitstag später beginnen als in Deutschland. Ein Unterrichtsbeginn zwischen 8.45 und 9.00 Uhr ist die Regel. Die Schüler verbringen ja den ganzen Tag in der Schule und kommen normalerweise erst nach 17.00 oder 18.00 Uhr nach Hause. Dass die Mutter im Beispiel erst um 9.30 Uhr mit der Arbeit beginnt, scheint eher eine persönliche Regelung zu sein. Der Anfang des Arbeitstages liegt wohl in den meisten Fällen zwischen 8.00 und 9.00 Uhr.

Aber wie lässt sich erklären, dass die Arbeitszeit nach 9 Stunden erst um 18.30 Uhr endet? Die wöchentliche Arbeitszeit ist gesetzlich auf 35 Stunden begrenzt, aber 5 x 9 ergibt 45 und nicht 35. Dazu muss man wissen, dass eine französische Mittagspause (zwischen 12.00 und 14.00 Uhr) eigentlich zwei Stunden beträgt, in denen man in Ruhe essen und sich erholen kann. Diese zwei Stunden wurden allerdings in den meisten Betrieben und Büros um eine Stunde reduziert, so dass man auch hier auf einen Acht-Stunden-Tag kommt. Dabei ist man aber von einem Feierabend, der in Deutschland häufig schon um 16 Uhr beginnt, noch sehr weit entfernt. Übrigens: für das Wort Feierabend gibt es im Französischen keine Entsprechung.

Das für deutsche Verhältnisse späte Abendessen ist natürlich eine Folge des späten Nachhause-Kommens von Eltern und Kindern. Logischerweise verschiebt sich auch das Abendprogramm des Fernsehens entsprechend nach hinten. Es beginnt - je nach Sender - zwischen 21.00 und 21.15 Uhr. Fernsehsendungen (z.B. Filme) mit normaler Länge enden damit ungefähr eine Stunde später als in Deutschland.

Und noch etwas fällt (neben der eher machohaften Einstellung vieler französischen Ehemänner) auf: Obwohl das Alter des jüngsten Kindes erst acht Monate beträgt, ist die Mutter schon wieder berufstätig. Der Mutterschutz in Frankreich beträgt beim ersten Kind 16 Wochen, davon 6 vor und 10 nach der Geburt (zum Vergleich Deutschland: 14 Wochen, 6 vor und 8 nach der Geburt) und erhöht sich bei jedem weiteren. Beim dritten Kind beispielsweise auf 26 Wochen, davon 8 vor und 16 nach der Geburt.

Eine deutsche Mutter, die ihr Kleinkind im zarten Alter von acht Monaten in die Kinderkrippe bzw. zur Tagesmutter bringt, gerät leicht in Verdacht, eine „Rabenmutter“ zu sein. Das konservative 3K-Frauenbild (Kinder, Küche, Kirche) scheint also noch nicht ganz überwunden zu sein, obwohl sich immer mehr Frauen (und Männer) für das letzte K nicht mehr zuständig fühlen. Dazu kommt, dass in vielen deutschen Familien das Kind König bzw. Königin ist, um das sich alles dreht, während es in Frankreich schon sehr früh lernt, sich an das Leben der Erwachsenen anzupassen.

Nun sollte man denken, dass in Frankreich deutlich mehr Frauen berufstätig sind als in Deutschland. Dem ist aber nicht so. Die Erwerbstätigen-Quote der Frauen liegt hierzulande bei 75,7% (2017), in Frankreich ein paar Prozentpunkte darunter: 67,6% (2015). Dass in Deutschland so viele Frauen berufstätig sind, liegt nicht nur an der deutlich geringeren Arbeitslosenquote in der Bundesrepublik, sondern auch an der Tatsache, dass mehr jüngere (15 - 19 Jahre) und ältere Frauen (über 55 Jahre) arbeiten gehen. Ein nicht unwesentlicher Grund ist auch in der Anzahl der kinderlosen Frauen zu sehen, die in Deutschland um 10% höher liegt als in Frankreich (Beispiel Geburtsjahrgänge 1964 - 1968). Deshalb ist es natürlich, dass diese Frauen so gut wie alle einer Arbeit nachgehen.

Es soll nicht unerwähnt bleiben, dass in Deutschland deutlich mehr Frauen in Teilzeit beschäftigt sind (Deutschland: 48% - Frankreich: 31%). Das ist besonders dann der Fall, wenn sie nach einer beruflichen Auszeit wegen der Erziehung der Kinder wieder in den Beruf einsteigen. Hier liegt der Teilzeit-Anteil sogar über 50%. Diese Frauen haben natürlich mehr Zeit für Familie und häusliche Tätigkeiten und scheinen deshalb weniger gestresst als ihre französischen Geschlechtsgenossinnen.

Und noch eine letzte Bemerkung zum Thema Vereinbarkeit von Familie und Beruf. Die Doppelbelastung der berufstätigen Mutter hinterlässt natürlich ihre Spuren in Form von Druck, Stress und Depressionen. So ist es kein Wunder, dass viele Frauen zu Psychopharmaka und Antidepressiva greifen, statistisch gesehen tut das jede zehnte Französin. Dabei dürfte der Anteil der berufstätigen Mütter noch deutlich größer sein. Aber nicht nur diese nutzen großzügig das Angebot der pharmazeutischen Industrie. Auch viele schulpflichtige Kinder bekommen von ihren Eltern ein Mittel zur Beruhigung, um dem - im Vergleich zu Deutschland äußerst stressigen - Schulalltag gewachsen zu sein.

NATUR

„Wenn ich mit Deutschen durch einen botanischen Garten spaziere, betrachten sie die Natur wie Kunstwerke in einem Museum. Gehe ich dort mit Franzosen spazieren, fragen sie sich immer wieder, ob das, was sie sehen, auch essbar ist.“

(Schäfer, 2013)

Hier werden zwei Bereiche angesprochen, die in dem jeweiligen Land eine zentrale Rolle spielen: in Deutschland die Natur, in Frankreich das Essen. Die Natur ist in Deutschland ein äußerst positiv besetzter Wert. Die enge Beziehung zwischen Mensch und Natur ist uns aus der Romantik überkommen. Aufgegriffen wurde sie von der Ideologie des Dritten Reiches, die sie im Sinne der Reinrassigkeit pervertierte. Das führte unter anderem dazu, dass aus französischer intellektueller Sicht der Naturbegriff mit einem diagnostizierten unberechenbaren, irrationalen deutschen Wesen assoziiert wird.

In Deutschland steht alles, was mit Natur in Verbindung gebracht werden kann, hoch im Kurs. In kaum einem anderen Land gibt es so viele Wanderer wie in Deutschland. Wir sprechen von Mutter Natur, in der wir Gottes Schöpfung sehen und finden alles, was natürlich ist, gut. Und was natürlich ist, ist auch gesund. Sowohl das Wandern in der frischen Luft als auch die gesunde Ernährung. Frische Luft ist auch wichtig, wenn man in einen Raum kommt, in dem vorher schon Menschen waren. Es werden sofort die Fenster aufgerissen, denn: Frische Luft hat noch niemandem geschadet. Vollkornbrot zum Frühstück und eine Karotte, eine Paprika, eine Tomate samt einem Apfel zum Mittagessen - das ist Natur pur und damit auch gesund.

Auch der Mensch in seiner Natürlichkeit und Nacktheit ist Teil dieser Natur. Der Naturismus und die Freikörperkultur haben in Deutschland ihren Ursprung. Wer sich im Hallenbad hinterher duscht, tut das in der Regel hüllenlos - in Frankreich würde man vor Entsetzen aufschreien. Dass man nicht nackt in die Sauna geht, auch und gerade nicht im Hotel, darauf weise ich jedes Mal nachdrücklich hin, wenn ich mit einer Gruppe in Frankreich bin.

In Frankreich gilt vielen die Natur als Mutter jeglicher Barbarei. Der Mensch ist das Ergebnis der Zivilisation, in der Natur herrscht lediglich das Recht des Stärkeren, dem der Mensch mit seiner *raison*, seinem Verstand, entgegentreten muss. Für den Franzosen wird Natur deshalb erst dann interessant, wenn der Mensch ihr seinen Stempel aufgedrückt, wenn er sie sozusagen zivilisiert hat. Das beste Beispiel dafür sind die französischen Gärten oder Parks, die im Auftrag der feudalen Schlossherren zur Barockzeit entstanden. Dem Zeitalter des Rationalismus entsprechend ist der Barockgarten ein ganz und gar künstliches Gebilde, ein Stück gebändigte Natur, geprägt durch Regelmäßigkeit und Symmetrie. Auch auf den Pariser Prachtboulevards dürfen die Bäume nicht wachsen, wie sie wollen. Sie werden zu geometrischen Formen zurechtgeschnitten und sind so Vorbild für Tausende von Straßenbäumen in der französischen Provinz.

Auch die typisch französischen Luxusprodukte wie Parfüm, Mode allgemein und besonders Unterwäsche sollen sicherlich die kreatürliche Natur des Menschen veredeln. Raffinierte Duftnoten und Dessous, schicke Mode machen aus dem Menschen erst ein zivilisiertes Wesen. Dass man sich als Dame die Beine rasiert und so gegen den Wildwuchs der rohen Natur vorgeht, versteht sich dabei von selbst. Wer sich jedoch als Ausländer vor der Notwendigkeit sieht, in Frankreich eine öffentliche Toilette aufzusuchen, z.B. in einer Autobahnraststätte, einem Bahnhof oder auch in manch einem Restaurant, der fragt sich, ob sich nicht gerade hier die Kreatürlichkeit des Menschen Bahn bricht. Es ist erschütternd zu sehen, in welch beklagenswertem Zustand sich diese Toiletten oft befinden.

LA CUISINE FRANÇAISE

Kommen wir nun zu dem, was der Kernpunkt des *savoir vivre à la française* ist, nämlich zu dem, was die UNESCO *le repas gastronomique* nennt, also die gastronomische Mahlzeit, die 2010 als immaterielles Welterbe ausgezeichnet wurde. Natürlich halten die Franzosen nicht jeden Tag eine gastronomische Mahlzeit ab, aber trotzdem ist es ein Gemeinplatz, dass Essen und Trinken in Frankreich einen anderen Stellenwert haben als in Deutschland.

Der Unterschied beginnt bereits bei der Antwort auf die Frage: Wann wird gegessen? *En France, on mange quand c'est l'heure, en Allemagne, on mange quand on a faim.* (In Frankreich isst man, wenn die Essenszeit gekommen ist, in Deutschland isst man, wenn man Hunger hat.) Zunächst erscheint das deutsche Prinzip als das logischere, aber vieles hängt davon ab, was man unter essen versteht. Wer Hunger hat, der will vor allem seinen Hunger stillen, um danach für sein Tagewerk gerüstet zu sein. Da Hunger nicht an bestimmte Tageszeiten gebunden ist, wird in Deutschland praktisch den ganzen Tag über gegessen.

Da das ausgiebige deutsche Frühstück lange vorhält, muss ich meine Aussage etwas einschränken: man isst eigentlich nur von mittags bis abends. Die meisten Speiselokale öffnen kurz vor 12.00 Uhr und bieten warme Küche bis 22.00 Uhr, manchmal auch noch darüber hinaus. Kein Volksfest ohne Würstchen- oder Crêpes-Stand, egal zu welcher Tageszeit, kein Schul- oder Vereinsfest ohne Kaffee und Kuchen und Essenstheke. Zuhause essen die einzelnen Familienmitglieder häufig getrennt, wann sie gerade von der Arbeit oder Schule zurückkommen. Ein gemeinsames Abendbrot oder - wie wir Süddeutschen sagen: Abendessen - gibt es in vielen Fällen nur selten.

In Frankreich rhythmisieren die Mahlzeiten - zusammen mit den Schul- und Arbeitszeiten - den gesamten Tagesverlauf. Zwischen 12.00 und 14.00 Uhr sind französische Städte meist wie ausgestorben und viele Geschäfte geschlossen, es ist nämlich Mittagessenszeit. Und wer als Tourist schon einmal - vom Hunger getrieben, weil er den Magen mittags mit einer Tasse Kaffee und einer *pâtisserie* betrogen hat - um 18.00 Uhr ein Restaurant aufgesucht hat, weiß wovon ich spreche. Kein Restaurant öffnet vor 19.00 Uhr, und je weiter man nach Süden kommt, desto mehr verschiebt sich diese Zeit nach hinten.

Das Essen selbst, zu Hause und im Restaurant, verläuft immer nach dem gleichen Schema. Nie kommt alles zur gleichen Zeit auf den Tisch, es gibt verschiedene Gänge, die in einer bestimmten Reihenfolge serviert werden. Begleitet wird das Essen von Weißbrot, Wasser und meistens (im Restaurant so gut wie immer) von Wein, der auf die Speisen abgestimmt ist.

Ein allseits bekannter deutscher Erziehungsgrundsatz gilt übrigens in Frankreich nur sehr bedingt, nämlich: Beim Essen spricht man nicht. Eine Mahlzeit ist eine soziale Angelegenheit und geradezu der ideale Ort zum gegenseitigen Austausch. Die Pausen zwischen den einzelnen Gängen werden mit Gesprächen gefüllt, die sich ihrerseits ganz häufig ums Essen drehen. Und da kann es natürlich vorkommen, dass man im Eifer des Gesprächs auch einmal mit vollem Mund spricht. Schlimm wäre nur, wenn der Zustand einträte, den wir in Deutschland mit gefräßiges Schweigen umschreiben.

In diesem Zusammenhang ein Erlebnis aus meinem persönlichen Erfahrungsschatz. Meine französischen Schwiegereltern hatten vor Jahren in den Sommerferien ihren Wohnwagen auf dem Hof einer mit uns befreundeten Bauernfamilie in Oberbayern abgestellt. Zum Dank luden diese den Hofbauern und seine Frau zum Essen in ihren Wohnwagen ein. Gefragt, wie es ihnen gefallen habe, gaben diese ihren Gesamteindruck so wieder: Es war wie im Theater.

Der Vergleich trifft den Nagel auf den Kopf. Ein französisches Essen im Restaurant ist eine abendfüllende Angelegenheit, die wie ein Theaterstück nach festgelegten Gesetzen abläuft. So wie das klassische Theaterstück aus fünf Akten besteht, nämlich aus der Exposition, der Steigerung, der Peripetie, dem retardierenden Moment und der Katastrophe, so hat auch das französische Mahl seine fünf Akte: Vorspeise, Fisch, Fleisch, Käse und Nachtisch. Alles hat seinen bestimmten Platz, nichts darf vertauscht werden, ein Akt, ein Gericht nach dem anderen. Natürlich gibt es auf der Bühne auch den Dreiakter, der sogar sehr beliebt ist. Dem entspricht das tägliche *déjeuner* oder *dîner* in der einfachen Form mit Vorspeise, Hauptgericht und Nachtisch.

Das französische Frühstück wäre demnach ein simpler Einakter. Es ist das Stiefkind der französischen Mahlzeiten, während es in Deutschland, vor allem an Wochenenden und in Hotels, als Königin bezeichnet werden kann. Was hier alles gleichzeitig aufgetischt wird, entspricht nicht dem überkommenen Prinzip des Nacheinander. Deshalb hat sich auch das in Deutschland bei Festlichkeiten so beliebte Büfett bzw. der Brunch in Frankreich nicht richtig durchgesetzt. Sich eventuell auf den gleichen Teller geräucherten Lachs, Fleisch mit Sauce, Kroketten und Süßspeise aufzuladen, widerspricht einfach französischen Essgewohnheiten.

Als drastisches Beispiel für die Unterschiedlichkeit der Essgewohnheiten diesseits und jenseits des Rheins sei hier das Essen am 24. Dezember, also an Heiligabend, genannt. Das traditionelle Essen von über einem Drittel aller deutschen Haushalte (36%) ist immer noch Würstchen mit Kartoffelsalat. Allerdings erfreuen sich auch fremdländische Gerichte wie Raclette (14%) oder Fondue (10%) zunehmender Beliebtheit. Gemeinsam ist ihnen die Tatsache, dass ihre Vorbereitung wenig Mühe und Arbeit erfordert. Während der Verzehr des Lieblingsessen nur wenig Zeit in Anspruch nimmt, stellen Raclette und Fondue eine abendfüllende Angelegenheit dar. Und in diesem Punkt ähnelt das Essen dem französischen *réveillon de Noël*, das sich wie das *réveillon de la Saint Sylvestre* über mehrere Stunde hinzieht. Diese festliche Mahlzeit besteht aus mehreren Gängen, zu denen fast immer Entenstopfleber, Austern, Räucherlachs, ein Fleischgericht und als

Nachtisch die berühmte *bûche de Noël* gehören. Natürlich darf Champagner als Begleitung nicht fehlen.

Obwohl es beim Essen in Frankreich nicht immer so opulent zugeht, ist der Hotelgast dennoch von der Kargheit des französischen Frühstücks überrascht. Es besteht normalerweise aus Kaffee, Butter, Marmelade, Baguette und oft auch einem Croissant. Werden beim Mittag- oder Abendessen im Restaurant Teller und Besteck mehrmals gewechselt, so wird beim Frühstück das Croissant häufig auf einer Papierserviette gereicht. Einen Teller sucht man dabei vergebens. Und wenn *Madame* oder *Monsieur* das Croissant in den *café au lait* tunkt und es schlürfend genießt, kann er oder sie gar nicht verstehen, dass andere das überhaupt nicht schicklich finden. Übrigens: das deutsche Frühstücksbrettchen ist in Frankreich ebenso unbekannt wie der Tropfenfänger für die Kaffeekanne!

Die sogenannte *Haute Cuisine*, die am Hof des französischen Königs entstand, ist eine raffinierte Küche. Aber sie wurde und wird ständig beeinflusst von den verschiedenen regionalen Küchentraditionen. Da das Sechseck, *l'Hexagone* wie die Franzosen sagen, ein von Gott gesegnetes Land ist, liefern die Felder, Wälder, Flüsse und Meere die verschiedensten Lebensmittel, die von den Köchen veredelt werden. Jede Region leistet ihren Beitrag zur nationalen Küche: die Bretagne liefert Fische und Krustentiere, die Normandie Butter und Milch, der Südwesten Gänse- und Entenleber, der Süden Obst und Gemüse, um nur einige zu nennen. Käse und Wein findet man in Frankreich fast überall.

Ähnlich wie in Deutschland (Aachener Printen, Lübecker Marzipan, Nürnberger Würstchen) gibt es zahlreiche Städte, deren lokale Spezialitäten im ganzen Land bekannt sind. Ich nenne hier nur einige Beispiele: *les melons de Cavaillon, les saucisses de Strasbourg, la moutarde de Dijon, les calissons d'Aix, les pruneaux d'Agen, les bêtises de Cambrai, le nougat de Montélimar, les citrons de Menton, le saucisson de Lyon*. Die auch bei uns beliebten *macarons*, bestehend aus zwei Einzelteilen mit einer Füllung dazwischen, sind dagegen an keine bestimmte Stadt oder Region gebunden.

Zum Abschluss dieses zentralen Themas der französischen Kultur in ihrer Ausprägung als *savoir vivre, savoir manger et boire* möchte ich noch kurz auf einen Aspekt eingehen. Es gibt im Französischen keine adäquate Übersetzung für unseren deutschen Begriff satt sein. Die Lösungen, die das Wörterbuch anbietet, sind alle untauglich: *être repu, être rassasié* (vollgefressen sein). Wenn ich nach dem Essen satt bin, dann erzeugt das bei mir ein Gefühl der Genugtuung und ist als Aussage nach der Mahlzeit durchaus gesellschaftsfähig. Deshalb sind die französischen Ausdrücke als Kommentar bei Tisch tunlichst zu vermeiden. Wird man in Frankreich zum Weiteressen aufgefordert, obwohl man satt ist, sagt man eher: *Non merci, j'ai bien mangé.* Ein Kompliment wie zum Beispiel *c'était très bon, c'était excellent* ist im Übrigen immer willkommen.

Das Wesentliche beim Esscn in Frankreich ist übrigens nicht die Menge, sondern der Genuss. Im teilweise protestantisch geprägten und deshalb oft genussfeindlichen Deutschland ist das nicht immer so. Anstatt zu genießen, haben wir oft ein schlechtes Gewissen. Dazu folgende Erfahrung meinerseits:

Da ich als Pensionär relativ viel Zeit habe und es mir Spaß macht, verfertige ich in meiner Küche die verschiedensten *pâtisseries* und Zuckerbäckereien. Nicht nur meine französische Verwandtschaft weiß das mit Komplimenten zu schätzen. Sobald ich aber hier eine *crème caramel* oder ähnliches anbiete, heißt es sofort „Kalorienbombe“. Mein selbst gemachtes *nougat de Montélimar* oder die gebrannten Mandeln werden unweigerlich mit dem Kommentar „Plombenzieher“ bedacht. Und ist einmal von Meeresfrüchten samt Hummer und Languste die Rede, taucht sofort das Gespenst des „Eiweißschocks“ auf. Der Genuss dieser Köstlichkeiten bereitet ein schlechtes Gewissen und bzw. oder ist nicht gesund. Als Entschuldigung, wenn man trotzdem der Versuchung nicht widersteht, kann nur der Hinweis auf die Außengewöhnlichkeit des Genusses gelten: Man gönnt sich ja sonst nichts.

Es ist außerdem erstaunlich, wie oft in Deutschland Essen nicht mit Vergnügen, sondern mit Arbeit in Verbindung gebracht wird. Häufig werden Messer und Gabel als „Werkzeug“ bezeichnet, und vor allem, wenn Jugendliche am Tisch sind, heißt es: „Nun haut mal kräftig rein." Und schließlich jener - mit Verlaub gesagt - dämliche Spruch, der eigentlich nur aus Schwaben stammen kann: „Wie man isst, so schafft man." Da lobe ich mir doch die Pfälzer Mentalität, die sicherlich vom französischen Nachbarn beeinflusst ist: „Jetzt werd emol gess. Gschafft is noot glei"

Übrigens - und nun komme ich zum Abschluss dieses ergiebigen Themas - der hier so geschätzte nachmittägliche Kaffee mit Kuchenbegleitung ist in Frankreich gänzlich unbekannt. Wer versucht, in einem Café Kuchen zu bestellen, der wird maßlos enttäuscht werden. Hier gibt es an Getränken so ziemlich alles, außer einem deutschen Kaffee, zu essen eventuell ein *croque-monsieur* oder ein Sandwich, aber Kuchen auf keinen Fall. Den findet man nur in einem s*alon de thé*, und da ausschließlich in der französischen Form, z.B. als *tarte* oder *tartelette*. Und ob der französische Kaffee besser schmeckt als der deutsche Filterkaffee, oder ob nicht doch ein italienischer Kaffee vorzuziehen ist, diese Frage mag jeder für sich selbst entscheiden.

Für den Restaurantbesucher in Frankreich noch ein paar ganz wichtige Anmerkungen: Man setzt sich nicht an irgendeinen freien Tisch, sondern wartet, bis man platziert wird. Den Ober ruft man durch ein diskretes Handzeichen oder ein *s'il vous plaît* an den Tisch, Klopfen mit dem Messer ans Glas oder ein lautes *Monsieu*r bzw. *Madame* ist weniger angebracht. Und die Rechnung (*l'addition, s'il vous plaît*) wird immer für den ganzen Tisch ausgestellt. Auf getrennter Rechnung zu beharren, gilt als Ausdruck von Geiz und Pedanterie und sollte tunlichst vermieden werden.

GESCHICHTE UND NATIONALSTOLZ

Um unsere Nachbarn auch nur einigermaßen zu verstehen, ist es unabdingbar, die Grundzüge der französischen Geschichte zu kennen. Im Gegensatz zu Frankreich haben wir es mit unserer Vergangenheit nicht leicht: Sie ist nicht einheitlich, da sie sich aus den Einzelgeschichten der verschiedenen Herrschaftsgebiete zusammensetzt. Sie weist einen radikalen Bruch auf und beginnt dann wieder mit der Stunde Null nach dem Zweiten Weltkrieg. Und sie macht ein kollektives Vergessen unmöglich, da die intensive Aufarbeitung und die heute noch spürbaren Auswirkungen dies verhindern. Aber trotzdem sind wir, genauso wie die Franzosen, von unserer Geschichte geprägt.

Aufgrund der schon früh einsetzenden zentralistischen Tendenzen ist die französische Geschichte einheitlich. Es ist zuerst die Geschichte des sich ständig vergrößernden Königreiches mit den Heldengestalten Chlodwig, Charlemagne (Karl der Große), Jeanne d'Arc und vor allem dem Sonnenkönig Ludwig XIV. Auf jede einzelne dieser Gestalten ist jeder Franzose persönlich stolz. Danach kommt die Revolution mit der Absetzung und Hinrichtung des Königs, die Ausrufung der Republik und die Erklärung der Menschenrechte. Auf diese Vorgänge ist natürlich auch jeder Franzose stolz und er empfindet den Übergang vom Feudalsystem zur Republik keineswegs als Bruch. Symbol dieser Symbiose ist die Nationalflagge, die die Farben Blau und Rot der aufständischen Stadt Paris mit dem Weiß des Königshauses vereint.

Napoleon hat sich durch seine Reformen, seine Armeen und seine Eroberungen ein bleibendes Andenken geschaffen, auf das die Franzosen ebenfalls stolz sind. Die Schmach der Niederlage im Krieg gegen Preußen sowie der Verlust von Elsass-Lothringen wird durch den Sieg im Ersten Weltkrieg vor 100 Jahren wieder wettgemacht. Und auf die schändliche Niederlage 1940 gegen Nazi-Deutschland antwortet Frankreich mit der *Résistance*, dem Widerstand gegen die Besatzer und der Lichtgestalt des Generals de Gaulle, der 1944 als Befreier Frankreichs in Paris einzieht. Und darauf sind natürlich auch alle Franzosen stolz.

Dunkle Epochen in der Geschichte wie die Bartholomäus-Nacht, die Sklaven-Wirtschaft in den Kolonien, die Verantwortung des Vichy-Regimes bei der Judenverfolgung, die Kollaboration während der deutschen Besatzung sowie die Auswüchse des Algerien-Krieges erscheinen in den Geschichtsbüchern eher am Rande. Der Stolz im Rückblick auf die Geschichte - unter weitgehender Ausblendung der dunklen Epochen - hat einen großen Vorteil, wie der Politologe Alfred Grosser bemerkt. Er ersetzt nämlich die Bitterkeit und die Selbstzerfleischung.

Nichts hat die französische Identität so sehr geformt wie das Bewusstsein der Geschichte und Kultur. Die Idee der jakobinischen Republik mit ihrem Zentralismus und dem später dazugekommenen Dogma der Laizität (siehe Kapitel: Laizismus) sowie das republikanische Prinzip von *liberté, égalité, fraternité* bestimmen bis heute Institutionen und Alltagsleben der Franzosen. Sie sind nicht nur in den Köpfen präsent, sondern durch ihre Symbole auch in der kleinsten der über 36.000 Kommunen des Landes allgegenwärtig. Fast jedes Rathaus ziert die Devise der Republik, beherbergt eine Büste der Marianne, die mit ihrer phrygischen Mütze die Republik verkörpert. Obligatorisch im Rathaus sind die *Tricolore*, die blau-weiß-rote Staatsflagge, sowie die Fotografie des jeweils amtierenden Staatspräsidenten. Schließlich ist jeder Bürgermeister, jeder Abgeordnete mit einer Schärpe in den Nationalfarben ausgestattet. Und die Nationalhymne, die *Marseillaise*, wird bei jedem offiziellen Anlass gespielt - sie ist omnipräsent in der Französischen Republik und steht deshalb schon auf dem Lehrplan der Grundschule.

ERBFEINDSCHAFT, ARMEE UND NATIONALHYMNE

Direkt aus der Geschichte ableiten lässt sich auch das Verhältnis der Franzosen zu ihrer Armee und ihrer Nationalhymne. Anders als in Deutschland steht die Armee in hohem Ansehen. Dies bezeugt nicht nur die große Militärparade am 14. Juli. Auch an den Feiertagen zur Beendigung der beiden Weltkriege am 8. Mai und am 11. November marschieren die Veteranen zum Gedenken an vergangenen Ruhm an den Kriegerdenkmälern auf. Sogar der 18. Juni, Jahrestag von de Gaulles Aufruf zum Widerstand gegen die deutschen Besatzer *(l'appel du 18 juin),* ist Anlass zu einer Würdigung durch Politik und Militär. An diesen Tagen ist ganz Frankreich fahnengeschmückt und die Nationalhymne ist selbstverständlich fester Bestandteil dieser Feierlichkeiten.

In Deutschland waren Militärparaden und Gedenktage an vergangene Siege ein Markenzeichen des Kaiserreiches und eng verknüpft mit preußischem Militarismus und Nationalismus. Der Sedan-Tag am 2. September erinnerte an die Kapitulation der französischen Armee 1870 bei Sedan. Anlässlich dieses Tages wurden ab 1871 im ganzen Deutschen Kaiserreich an zentralen Plätzen Siegesdenkmäler errichtet. So wurde am 2. September 1873 die Siegessäule in Berlin feierlich eingeweiht, die mit erbeuteten französischem Kriegsgerät verziert war. Das Aus für diese Feiern kam dann nach dem Ersten Weltkrieg.

Schon 1815 wurde nach dem Sieg über Napoleon das Heer in der Hand des Königs zum Instrument der Reaktion. Militärisches Denken dominierte das politische Leben und das Militär wurde zum Erziehungsinstitut der Jugend. Zuckmayers "Hauptmann von Köpenick" karikiert die überhöhte gesellschaftliche Stellung, zu der allein eine Uniform verhalf. Diese reaktionäre Grundhaltung konnte sich in die fragile Demokratie der Weimarer Republik hinüberretten.

Nach der Machtergreifung trieben die Nationalsozialisten die Militarisierung der Gesellschaft auf die Spitze. Es entstanden die militärisch organisierten Gliederungen des „Dritten Reiches“. Der nationalsozialistische „totale Krieg“ zielte dann nicht nur auf die Niederlage des Gegners ab, sondern auf seine völlige Vernichtung.

Die Kapitulation 1945 und die Tatsache, dass die Deutschen vor den im Krieg begangenen Verbrechen nicht mehr die Augen verschließen konnten, führte zu einer tiefgreifenden Bewusstseinsänderung. Alles Militärische wurde radikal abgelehnt und die Wiederbewaffnung 1955 war begleitet von antimilitärischen Protesten weiter Bevölkerungskreise. Zudem hat der Pazifismus in Deutschland eine fest verankerte Tradition, die auch heute noch lebendig ist. Sie findet u.a. ihren Ausdruck in der Infragestellung der Legitimität von Militäreinsätzen und Rüstungsexporten.

Militäreinsätze und Rüstungsexporte sind in Frankreich nicht Gegenstand öffentlicher Kritik. Das militärische Engagement unseres Nachbarn und Verbündeten in vielen Teilen der Welt wird von der französischen Bevölkerung nicht in Frage gestellt. Vielmehr gilt es als Beweis dafür, dass das Ansehen und der Einfluss der ehemaligen Kolonial- und Großmacht Frankreich immer noch wirksam sind.

Die Geschichte der französischen Armee reicht weit ins monarchische Zeitalter zurück. Ein Wendepunkt trat ein, als die königlichen Heere im Verlauf der Revolution zum ersten Mal in der Geschichte durch ein Volksheer ersetzt wurden. Am 20. September 1792 brachte eine zum großen Teil aus Freiwilligen bestehende Revolutionsarmee die Truppen der antifranzösischen Koalition unter dem preußischen Herzog von Braunschweig bei Valmy zum Stehen.

Der Erfolg der Revolutionsarmee beeindruckte die Zeitgenossen tief und wurde zum Mythos, der bis in die Gegenwart andauert. Der Kriegsberichterstatter Goethe schrieb, allerdings dreißig Jahre später: „Von hier und heute geht eine neue Epoche der Weltgeschichte aus, und ihr könnt sagen, ihr seid dabei gewesen."

1794 besetzten die Revolutionstruppen das linke Rheinufer, ab 1797/98 waren die vier linksrheinischen Departements Roer, Rhein-Mosel, Donnersberg und Saar Teil des französischen Staatsgebietes. Frankreich entwickelte sich vom Land der Revolution zum napoleonischen Kaiserreich und zur führenden Macht in Europa.

In den Freiheitskriegen gegen die Vorherrschaft von Napoleon bildete sich schließlich ein erstes deutsches Nationalbewusstsein heraus. Es entstand das, was man über anderthalb Jahrhunderte als „deutsch-französische Erbfeindschaft" bezeichnete. Die Forderung Frankreichs nach dem Rhein als französische Ostgrenze führte 1840/41 zur sogenannten Rheinkrise.

In einer national-politischen Erregung kam es zu einem regelrechten Dichterkrieg zwischen Franzosen und Deutschen. Auf deutscher Seite sind vor allem Ernst Moritz Arndt [1], Max Schreckenburger („Die Wacht am Rhein") und Nikolaus Becker (Rheinlied: „Sie sollen ihn nicht haben,den freien deutschen Rhein") zu nennen. Auch Hoffmann von Fallerslebens „Lied der Deutschen" wurde unter dem Eindruck der französischen Forderungen gedichtet.

---

[1] *„Wenn ich sage, ich hasse den französischen Leichtsinn, ich verschmähe die französische Zierlichkeit, mir missfällt die französische Geschwätzigkeit und Flatterhaftigkeit, so spreche ich vielleicht einen Mangel aus, aber einen Mangel, der mir mit meinem ganzen Volke gemein ist. Ebenso kann ich sagen: Ich hasse den englischen Übermut, die englische Sprödigkeit, die englische Abgeschlossenheit. Diese gehassten und verachteten und getadelten Eigenschaften sind an sich noch keine Laster, sie hängen bei den Völkern, die sie tragen, vielleicht mit großen Tugenden zusammen, die mir und meinem Volke fehlen. Darum lasst uns die Franzosen nur recht frisch hassen, lasst uns unsre Franzosen, die Entehrer und Verwüster unserer Kraft und Unschuld, nur noch frischer hassen, wo wir fühlen, dass sie unsere Tugend und Stärke verweichlichen und entnerven."* (Ernst Moritz Arndt: Geist der Zeit.1818)

Nach dem Bekanntwerden von Beckers Lied in Frankreich antwortete Alfred de Musset in dem Gedicht *Le Rhin allemand* mit den Zeilen *„Nous l'avons eu, votre Rhin Allemand"* („Wir haben ihn gehabt, euren deutschen Rhein"). Auch Victor Hugo schloss sich der Forderung nach der Rheingrenze an. Sehr viel abwägender war dagegen Alphonse de Lamartines Gedicht *La Marseillaise de la paix* (Die Marseillaise des Friedens).

Der deutsche Wunsch nach staatlicher Einheit im Krieg gegen den „Erzfeind" und das Aufeinanderprallen zweier militanter Nationalismen führte dann auch 1870 zur kriegerischen Auseinandersetzung. Das Ergebnis war die für Frankreich demütigende Proklamation des deutschen Kaiserreiches in Versailles sowie der schmerzvolle Verlust des Elsass und eines Teils von Lothringen.

Der Verlust der französischen Ostgebiete blieb bis zum Ersten Weltkrieg eine offene Wunde. Mit Sehnsucht blickte man zur Kammlinie der Vogesen (*la ligne bleue des Vosges*). Die Devise der Revanchisten lautete: *Toujours y penser, jamals en parler* („Immer daran denken, nie davon sprechen"). Entladen haben sich dann die beiderseitigen Energien des Hasses im Ersten Weltkrieg. Ergebnis waren u.a. die Rückgewinnung von Elsass-Lothringen und die erneute Besetzung des linksrheinischen Deutschlands durch Frankreich.

Der Zweite Weltkrieg mit der schmachvollen Niederlage Frankreichs 1940 und der jahrelangen deutschen Besatzung stellten die letzte Etappe in den kriegerischen Beziehungen unserer beiden Länder dar. Die Schreckensherrschaft der Nazis und deren Vernichtungspolitik, deren ausführendes Organ oft auch die Wehrmacht war, und die bedingungslose Kapitulation 1945 haben zu einem Bruch in der deutschen Geschichte geführt, der das Militärische mit dem Kriegerischen gleichstellt und dieses dauerhaft diskreditiert.

Anders als in Deutschland hat in Frankreich das Militärische stets einen Bezug zum Heldenhaften. In den letzten drei großen kriegerischen Konflikten zwischen beiden Ländern war

Deutschland stets der Angreifer, Ort der Kampfhandlung war Frankreich. Die französische Armee verteidigte das Vaterland heldenhaft gegenüber dem deutschen Aggressor. Im Preußisch-Französischen Krieg war dieser Kampf erfolglos, in den beiden Weltkriegen dagegen konnte die französische Armee (mit tatkräftiger alliierter Unterstützung) das Vaterland „befreien".

Ungeachtet aller Einschränkungen (z.B. was das wenig ruhmreiche Verhalten der Armee in Indochina und Algerien anbelangt) sind die Franzosen heute noch ihrer Armee für ihren Einsatz zur Landesverteidigung dankbar und ehren ihre Veteranen bei jeder Gelegenheit. Anstelle von Misstrauen allem Militärischen gegenüber genießt das Militär jenseits des Rheins beim Volk großes Ansehen und Vertrauen.

Wenn heute im Rahmen des Kampfes gegen den Terrorismus schwer bewaffnete Soldaten an Flughäfen, Bahnhöfen und anderen neuralgischen Punkten in Frankreich patrouillieren, vermittelt das dem Durchschnittsbürger ein Gefühl von Schutz und Sicherheit und niemand käme auf die Idee, eine solche Maßnahme zu kritisieren. In Deutschland würde ein solches massives militärisches Auftreten nicht nur Argwohn, sondern sicherlich bei vielen auch Misstrauen erwecken.

Misstrauen erweckt auch hierzulande eine deutlich sichtbare und zahlreiche Präsenz der Nationalflagge sowie das demonstrative Absingen der Nationalhymne. Sehr schnell ist man geneigt, in einem solchen Fall einen nationalistischen Hintergrund zu konstruieren. Im Falle des Deutschlandliedes ist diese Überlegung auch nicht ganz von der Hand zu weisen. Schließlich war die erste Strophe des „Liedes der Deutschen" auch während der Nazi-Zeit offizielle Nationalhymne. Es ist nicht allzu schwierig, „Deutschland über alles" im nationalistischen Sinne zu interpretieren. Allein schon die Tatsache, dass nach dem Krieg der erste Bundespräsident Theodor Heuss lange gezögert hat, das Deutschlandlied zur Nationalhymne zu bestimmen und die lange Diskussion darüber, welche der drei Strophen denn nun die offizielle sei, zeigt, wie gespalten unser Verhältnis zu dieser Hymne ist.

Die französische Nationalhymne ist dagegen nicht nur an Feiertagen und bei offiziellen Anlässen allgegenwärtig. Bei vielen Gelegenheiten (z.B. Streiks, Parteiveranstaltungen, Demonstrationen usw.) wird sie (häufig spontan) angestimmt. Bei Fussballspielen der Nationalmannschaft feuern die Fans ihre Spieler durch das gemeinsame Absingen der *Marseillaise* an. In diesem Zusammenhang muss aber auch gesagt werden, dass sich der Marsch-Rhythmus der *Marseillaise* dazu besser eignet als der eher getragene Rhythmus der Melodie von Joseph Haydn.

Verfasst hat die *Marseillaise* der Dichter und Komponist Claude Joseph Rouget de l'Isle in der Nacht zum 26. April 1792 in Straßburg. Sie wurde bekannt durch französische Soldaten aus Marseille, die beim Einzug in Paris dieses Lied gesungen haben. Daraufhin bekam es den Namen *Marseillaise,* wurde am 14. Juli 1795 zur französischen Nationalhymne erklärt und gilt seither als Lied der Französischen Revolution. Abgesehen von der Zeit der Restauration und des Zweiten Kaiserreiches erfüllt sie diese Funktion bis heute.

Im traditionsbewussten Frankreich erfreut sich die Nationalhymne einer großen Volkstümlichkeit und ist als nationales Symbol (anders als das Deutschlandlied) auch in der Verfassung verankert. Die *Marseillaise* wird mit großer Inbrunst und spürbarem Stolz gesungen, da sie Teil eines historischen Erbes ist. Hier der Text der Hymne im Original und in der deutschen Übersetzung:

Allons enfants de la Patrie,	*Auf, Kinder des Vaterlandes*
Le jour de gloire est arrivé!	*Der Tag des Ruhmes ist gekommen!*
Contre nous de la tyrannie	*Gegen uns ist der Tyrannei*
L'étendard sanglant est levé. (2×)	*Blutiges Banner erhoben.*
Entendez-vous dans les campagnes	*Hört ihr auf den Feldern*
Mugir ces féroces soldats?	*Diese wilden Soldaten brüllen?*
Ils viennent jusque dans vos bras	*Sie kommen bis in eure Arme*
Égorger vos fils, vos compagnes.	*Um euren Söhnen, euren Gefährtinnen*
	die Kehlen durchzuschneiden.

Dass der Text blutrünstige Elemente enthält, ist der historischen Situation geschuldet. Das Lied entstand in der Nacht der Kriegserklärung an Österreich und trug zunächst den Titel *Chant de guerre pour l'armée du Rhin,* d. h. „Kriegslied für die Rheinarmee". Nur sehr wenige Franzosen sehen diesen Text mit dem Abstand, mit dem wir ihn betrachten und stören sich nicht an den martialischen Formulierungen. Änderungswünsche einiger weniger laufen ebenso ins Leere wie die emanzipatorische Forderung, in der deutschen Hymne die Begriffe „Vaterland" und „brüderlich" durch „Heimatland" und „couragiert" zu ersetzen.

SPRACHE

Der Zentralismus ist eine Errungenschaft der Ersten Republik. Seine Durchsetzung war notwendig, um die zur Zeit der Revolution noch vorhandenen regionalen Sprachen und Kulturen sowie weitere regionale Partikularismen in eine einheitliche Sprache und Kultur zu überführen. Französisch war zwar Sprache des Hofes, der Literatur und der internationalen Aristokratie, aber die Mehrzahl der neuen Republikaner beherrschte diese Sprache nicht. Gesprochen wurden einzelne Dialekte: Flämisch, Bretonisch, Katalanisch, Italienisch und Elsässerdeutsch.

Im 19. Jahrhundert, zur Zeit der deutsch-französischen Rivalität, bezeichneten deutsche Historiker Frankreich als „Staatsnation", weil hier die staatlichen Institutionen und nationale Einheit bereits existierten, als die sprachliche Einheit noch nicht bestand. Im Gegensatz dazu wurde Deutschland als „Kulturnation" bezeichnet, da die nationale Einigung erst sehr spät erreicht wurde, und zwar auf der Basis einer gemeinsamen Sprache. Dies wird deutlich im „Lied der Deutschen" von Hofmann von Fallersleben (1841), in dem der deutsche Sprachraum beschrieben wird: „Von der Maas bis an die Memel, von der Etsch bis an den Belt."

Die Sprache als Kitt der Nation ist einer der Gründe, weshalb sie für die französische Identität von außerordentlicher Wichtigkeit ist. Schon Artikel 2 der Verfassung der Fünften Republik legt Französisch als Staatssprache fest: *„La langue de la République est le français"*. Im deutschen Grundgesetz wird man vergeblich nach einem Hinweis auf die Rolle der deutschen Sprache suchen.

Französisch ist nicht nur die Sprache der Klassiker wie Corneille, Boileau und La Fontaine sowie der Aufklärer Voltaire, Rousseau und Montesquieu. Es ist auch die Sprache der Diplomatie und vieler internationaler Organisation wie z.B. der UNO, der EU, des IOC und des Internationale Komitees vom Roten Kreuz. Auf dieses internationale Prestige als Weltsprache sind die Franzosen stolz, obwohl ihr inzwischen das Englische den Rang abgelaufen hat.

Aber anders als das oft in Deutschland zu beobachten ist, versucht nicht nur die *Académie française* seit fast 400 Jahren die Reinheit der Sprache zu erhalten und sich gegen das Englische zu behaupten. Seit 1994 gibt es ein „Gesetz betreffend den Gebrauch der französischen Sprache". Der ursprüngliche Text sah eine Verpflichtung zum Gebrauch des Französischen im öffentlichen und privaten Bereich vor, was natürlich nicht durchführbar war. Fremdwörter, vor allem Anglizismen, sollten vermieden werden. Gemäß dem Gesetzestext ist beispielsweise der Gebrauch englischer Werbeslogans ohne Übersetzung unter Strafe gestellt.

Auch die Medien sind von diesem Gesetz betroffen. Demnach sind alle französischen Unterhaltungsmusik-Programme verpflichtet, mindestens 40% französischsprachige Lieder zu senden. Diese Quote wäre jedoch nicht notwendig, da praktisch alle Rundfunkstationen zum allergrößten Teil französischsprachige Musik in ihrem Programm haben. Die Tradition des französischen Chansons ist auch bei den Jugendlichen Teil ihrer Kultur und wird ständig erneuert. Gerade der Tod des Idols Johnny Hallyday im Dezember 2017 hat die Lebendigkeit dieser Tradition erneut bewiesen. Hunderttausende säumten den Weg seines Sarges in Paris und der Staatspräsident persönlich hat bei der Trauerfeier gesprochen.

Und auch dazu noch eine persönliche Erfahrung. Bei einem Busausflug anlässlich eines deutsch- französischen Schüler-austauschs sollte jede Gruppe abwechselnd Lieder in ihrer Sprache singen. Die Franzosen hatten keine Mühe, zwei Stunden lang immer wieder ein anderes Chanson zu singen. Bei der deutschen

Gruppe war nach zwei oder drei Liedern Schluss. Mit englischsprachigen Songs dagegen hatten die deutschen Jugendlichen keine Probleme.

Obwohl die meisten Franzosen mit der Rechtschreibung auf Kriegsfuß stehen, ist ihr Verhältnis zu ihrer Muttersprache ein sehr inniges. Schon in der Vorschule lernen sie Fabeln von La Fontaine auswendig, und kaum ein Einstellungsverfahren, auf Französisch *concours*, läuft ohne Diktat ab. Einmal im Jahr gibt es in Rundfunk und Fernsehen einen nationalen Diktat-Wettbewerb, an dem Zehntausende Franzosen teilnehmen.

Das Französische ist wahrscheinlich auch deshalb die Sprache der Diplomaten, weil es sich durch Vieldeutigkeit auszeichnet und man vieles in der Schwebe lassen kann. Ganz anders das Deutsche, das durch die Vielfalt der Wortbildung durch Vor-und Nachsilben jede Nuance präzise ausdrückt und sehr direkt ist. Da, wo sich der Franzose beispielsweise mit der Information *sortie* begnügt, wollen wir es im Deutschen ganz genau wissen: ist es ein Ausgang, eine Ausfahrt oder gar ein Ausflug?

Beide Sprachen haben sich dem nationalen Charakter angepasst - oder umgekehrt. Ein Franzose fühlt sich wie nackt, wenn er sich seiner Muttersprache nicht bedienen kann. Der Deutsche ist stolz darauf, eine Fremdsprache zu sprechen, und wendet diese Kenntnisse auch gerne an.

Traditionell behaupten die Franzosen von sich, mit dem Erlernen von Fremdsprachen Schwierigkeiten zu haben. Dadurch, dass sie beispielsweise das Englische und Deutsche auf der letzten Silbe betonen und die einzelnen Wörter - wie das im Französischen der Fall ist - miteinander verschleifen, ist es häufig sehr schwer sie zu verstehen, wenn sie Englisch oder Deutsch sprechen. Tauchen in den Nachrichten fremdländische Namen oder Begriffe auf, so werden diese konsequent französisch ausgesprochen. So heißen die deutschen Fußball-Weltmeister Müller, Kroos und Lahm (ausgesprochen Mülläär, Kross, Lamm).

Meinen eigenen Namen, der französischer Herkunft ist,

sprechen sämtliche Familienmitglieder nach französischer Art aus, also Mopä und nicht Maupai. Wir müssen zwar manchmal buchstabieren, damit der Name in einer alphabetischen Liste gefunden wird, aber ansonsten wird die fremdländische Aussprache allgemein akzeptiert. Würden wir in Frankreich mit einem deutschen Namen leben, wäre es unmöglich, auf dessen korrekter Aussprache zu bestehen. Aus Berger würde Bersché, aus Pauli Poli, aus Beckert Bekär.

Dazu ein Erlebnis, dass ich vor 35 Jahren hatte. Damals habe ich mit meinem Kollegen, der den schönen deutschen Namen Kleinhuber trägt, eine Fahrradtour quer durch Frankreich gemacht. Wenn es gegen Abend ging, so reservierten wir immer telefonisch ein Hotelzimmer in unserem Zielort. Ich hatte mit der Reservierung auf meinen Namen keine Probleme, obwohl diesem fast immer ein -s angehängt wurde. Mein Kollege musste jedoch mit größeren Schwierigkeiten kämpfen. Auf die Frage *A quel nom?* (Auf welchen Namen?) antwortete er natürlich mit „Kleinhuber". Am anderen Ende der Leitung betretenes Schweigen, dann *Pardon?* - *Monsieur Klänübber* versuchte er es nun mit der französisierten Form. Abermals andauerndes Schweigen. *Voulez-vous que j'épelle le nom?* (Soll ich den Namen buchstabieren?) - *Surtout pas!* (Bloß nicht!) - *Alors réservez la chambre au nom de Monsieur Dupont* (Dann reservieren Sie das Zimmer auf den Namen Dupont.) Und schon war das Zimmer reserviert.

LAIZISMUS

Eine der Sprache vergleichbare Rolle bei der Herausbildung der französischen Identität spielt der Laizismus bzw. die Laizität. Abgeleitet ist der Begriff vom griechischen „laikós“ und bedeutet der Ungeweihte, also der Laie im Gegensatz zum Priester.

Die strikte Trennung von Staat und Kirche ist eine staatsrechtliche Errungenschaft: Der Laizismus verhindert, dass die Kirche missbräuchlich in staatliche Angelegenheiten eingreift. Die Franzosen haben sie 1905 in der Verfassung festgeschrieben, nachdem sich die katholische Kirche in der Dreyfuss-Affäre mit ihrem Antisemitismus und Antirepublikanismus völlig bloßgestellt hatte.

Dort steht er nun im Artikel 1 neben den anderen Grundwerten der Republik – ihrer Unteilbarkeit, ihrem Bekenntnis zu Demokratie, Solidarität und Gleichbehandlung aller Menschen. Gerade letztere wird auch durch den Laizismus geschützt, da er dem Staat im Umkehrschluss gegenüber allen Religionen denselben Respekt gebietet. Der Staat hat weltanschaulich neutral zu sein.

Die Franzosen haben das laizistische Prinzip verinnerlicht. Für sie ist es eine Selbstverständlichkeit, Religion ausschließlich als Privatangelegenheit anzusehen. So verwundert es auch nicht, dass die französische Regierung 2010 die Vollverschleierung verboten hat: Religion gehört nach dem Selbstverständnis der Republik nicht in den öffentlichen Raum. Ein Kreuz in einem Gerichtssaal - wie das in Deutschland häufig beobachtet werden kann - ist in Frankreich vollkommen undenkbar und wäre sogar verfassungswidrig.

Im Unterschied etwa zu Deutschland sind Kirchen und Glaubensgemeinschaften in Frankreich privatrechtliche Vereine, keine Körperschaften des öffentlichen Rechts. Kirchen und Synagogen befinden sich in staatlichem Besitz und werden den Glaubensgemeinschaften nur zur Nutzung überlassen.

Der Staat gestattet keinen Religionsunterricht an den öffentlichen Schulen, er verbietet in den Schulen das Tragen religiöser Symbole wie Kopftuch, Schleier, Kreuz, Ordenstracht oder Kippa. Private katholische Schulen sind natürlich erlaubt, von diesen Verboten ausgenommen und genießen im Allgemeinen einen guten Ruf.

Es gibt in Frankreich keine Kirchensteuer und die Pfarrer werden nicht vom Staat bezahlt. Sie leben recht bescheiden und können von deutschen Beamtenbezügen nur träumen. Der in Frankfurt geborene französische Politologe Alfred Grosser, der 1933 Deutschland verlassen musste, hat den Sachverhalt pointiert ausgedrückt: „Was ist der Unterschied zwischen einem deutschen und einem französischen Bischof? - Der deutsche spricht von Armut, der französische lebt in Armut." (Grosser, 2005) Franzosen, die in Deutschland arbeiten und hier ihre Steuern bezahlen, kämpfen regelmäßig vor Gericht gegen den Abzug der Kirchensteuer. Dass sie immer wieder verlieren, erfüllt sie mit Unverständnis und mit Wut. Ausgenommen von all diesen Regelungen sind das Elsass und ein lothringisches Departement, da diese Gebiete 1905 zu Deutschland gehörten und dort weiterhin das alte Konkordat gilt (siehe Kapitel: Das Elsass).

Sollte zu Beginn der Dritten Republik der Staat vor allem vor dem schädlichen Einfluss der katholischen Kirche geschützt werden, richtet sich heute die Speerspitze dieses Verfassungsprinzips im Wesentlichen gegen das Vordringen des Islam. Besonders Marine Le Pen mit ihrem rechtsgerichteten *Front National* (jetzt: *Rassemblement National*) hat sich einem dogmatischen Laizismus verschrieben und wird dabei von der äußersten Linken unterstützt.

Das ehrenwerte republikanische Prinzip der *laïcité* läuft jedoch seit einiger Zeit Gefahr, sich in eine dogmatische Ideologie zu verwandeln. Als Beispiel hier eine Begebenheit aus der Vorweihnachtszeit des Jahres 2017. Um ihre Schüler auf die Weihnachtszeit einzustimmen, gingen die Grundschullehrer in einem Städtchen südöstlich von Bordeaux mit ihren Klassen ins Kino, um sich den Zeichentrickfilm *Etoile de Noël* anzusehen, der in Deutschland mit dem Titel „Bo und der Weihnachtsstern" in die Kinos kam.

Im Verlauf der Vorstellung stellten die erstaunten Lehrer fest, dass der Film nicht - wie sie sich ausdrückten - die „Weihnachtslegende" zum Gegenstand hatte, sondern die Geschichte der Geburt Christi. Deshalb stuften die Pädagogen den Film als *pas très laïque*, also als „nicht sehr laizistisch" ein und verließen mitten in der Vorstellung mit ihren Schülern das Kino. Dass die Weihnachtslegende etwas mit der Geburt im Stall zu tun haben könnte, dieser Gedanke war den Lehrern vorher nicht gekommen. Sonst hätten sie vielleicht die Krippe auf dem Filmplakat als Jesu Geburtsstätte interpretieren können.

Dieses Beispiel zeigt zweierlei: Erstens wollen offensichtlich Verfechter einer doktrinären *laïcité* christliche und erst recht islamische Elemente aus der abendländischen Kultur ausblenden. Diese Verfechter finden sich in großer Zahl in den Lehrkörpern der Grund- und weiterführenden Schulen. Und zweitens gibt es inzwischen auch unter den gebildeten Franzosen nicht wenige, deren Kenntnisse bezüglich der christlichen Religion, die auch ein Fundament der französischen Kultur ist, gegen null tendieren.

ZENTRALISMUS

Der bereits angesprochene Zentralismus dient der Durchsetzung der *égalité* und der Zerschlagung traditionell gewachsener regionaler Identitäten. Grundlage hierfür bildet eine starke und zentral ausgerichtete Steuerung. Das Staatsmodell der *centralisation* konzentriert die Macht des Staats in der Hauptstadt und ist ein grundlegendes Charakteristikum der französischen Verwaltung. Dieses strahlenförmige Sternsystem lässt sich auch leicht in der französischen Verkehrs-Infrastruktur erkennen. Praktisch alle wichtigen Eisenbahn- und Straßenverbindungen ähneln einem Spinnennetz, in dessen Zentrum als Spinne die Hauptstadt Paris sitzt. Querverbindungen wie z.B. die Autobahn von Bordeaux nach Lyon sind äußerst selten.

Das sternförmig auf Paris ausgerichtete Verkehrsnetz stellt einen stabilisierenden Faktor der *centralisation* dar. So sorgen beispielsweise neue Streckenführungen wie die des TGV in erster Linie für eine Anbindung der verschiedenen Landesteile an Paris. Aufgrund der zeitlichen Nähe zu Paris entsteht so eine völlig neue Frankreich-Karte. Obwohl Marseille über 100 Kilometer von Paris weiter entfernt ist als Toulouse, ist es mit dem Zug in drei Stunden erreichbar, nach Toulouse braucht der Zug jedoch 4,5 Stunden.

Dabei gibt es den bei der DB üblichen Systemhalt nicht (z.B. halten alle Züge in Mannheim). Auf der Strecke Straßburg - Paris fahren die Züge in relativ kurzen Abständen, halten jedoch nicht auf allen Bahnhöfen. So hält z.B. der erste Zug nur am Bahnhof in Saverne, der nächste in Saarburg, der nächste in Lothringen und so weiter. So ist man bei nur einem Zwischenhalt schneller in Paris.

Und außerdem: Wer will denn schon in einem zentralistischen Land von Saverne an die Maas reisen?

Im föderalen Deutschland ist dagegen ein getrenntes Gittersystem vorherrschend. Mehrere Zentren bestehen gleichzeitig und sind auf vielfältige Weise miteinander verbunden. Eine mit Paris vergleichbare Vormachtstellung sucht man vergeblich, mit der Ausnahme der Zeit zwischen 1933 bis 1945. Die Existenz von mehreren Zentren fördert über die gut ausgebauten Kommunikationsverbindungen die für Deutschland charakteristische Gitterstruktur. Umsteigemöglichkeiten an allen größeren Bahnhöfen bieten dem Reisenden die Möglichkeit, jede größere Stadt problemlos zu erreichen.

LA RENTRÉE

Jeder, der in der Schule oder anderswo Französisch gelernt hat, kennt das Dutzend Verben, die ihr *passé composé* mit *être* bilden. Dazu gehören u.a. *partir, venir, sortir, entrer* und *rentrer*. Die Substantive *entrée* und *sortie* begegnen als Einfahrt und Ausfahrt dem Autofahrer auf der Autobahn ständig und überall da, wo es in Frankreich rein- oder rausgeht und ihre Bedeutung ist dem Nicht-Franzosen leicht verständlich. Anders jedoch verhält es sich mit dem Begriff *la rentrée*, der praktisch unübersetzbar ist. *La rentrée*, im ursprünglichen Sinn die Rückkehr, hat etwa den gleichen Stellenwert wie der Jahreswechsel in Deutschland. Am 1. September kommen nämlich nicht nur die Schüler in ihre Schulen zurück, sondern auch die letzten Franzosen aus dem Urlaub.

In den Monaten Juli und August liegen die französischen Schulferien. In dieser Zeit gehört Paris den Touristen, es gibt kaum eine Bäckerei, die geöffnet ist, Handwerker sind nicht zu erreichen und große Betriebe schließen für vier Wochen. Kultur findet keine statt, und wenn, dann nur in den beliebten Feriengebieten am Mittelmeer und am Atlantik. Ganz Frankreich ist in Urlaub.

Aber kaum ist Mariä Himmelfahrt am 15. August vorbei, bereitet sich das ganze Land auf *la rentrée* vor. La *rentrée des classes* erfordert den rechtzeitigen Einkauf der verschiedensten Utensilien: ein neuer, der jeweiligen Mode entsprechender Schulranzen, ein neues Mäppchen mit Inhalt und vor allem eine neue Garderobe. Das ist nicht immer ganz billig, aber dafür gibt es ja die *promotions de la rentrée*, also die Sonderangebote.

Aber damit nicht genug. Ab dem 1. September wird in der Hauptstadt auch wieder Politik gemacht, Minister und

Abgeordnete sind aus dem Urlaub zurück gekommen, *c'est la rentrée politique*. In ihrem Gefolge kündigt sich auch la *rentrée sociale* an, nämlich die Wiederaufnahme der gewerkschaftlichen Aktivitäten. Die verschiedenen Gewerkschaften setzen natürlich alles daran, der Regierung durch ihre Protestaktionen, Demonstrationen und Streiks einen heißen Herbst zu bereiten.

Auch die Fernsehzuschauer dürfen sich nach den endlosen Wiederholungssendungen auf neue Köpfe, neue Programme und neue Sendungen freuen, *la rentrée des programmes* bringt auch hier einen frischen Wind.

Natürlich öffnen die Pariser Theater wieder mit neuen Vorstellungen, die Kulturszene kehrt wieder in die Hauptstadt zurück. Die großen Verlage stellen die *tendances de la rentrée* vor, also die Neuerscheinungen, die der gebildete Leser zur Kenntnis nehmen muss. *La rentrée littéraire* bereitet auf die Verleihung der großen französischen Buchpreise im Herbst vor, von denen der *Prix Goncourt* der wichtigste ist. Das preisgekrönte Buch liegt am Tag darauf in allen Buchhandlungen der Nation aus und wird zeitgleich in allen Zeitungen, Radio- und Fernsehsendern besprochen. Auf diese Weise ist ihm eine Auflage sicher, die in die Hunderttausende geht.

Übrigens werden in einem zentralistischen Land wie Frankreich die großen kulturellen Ereignisse, die fast alle in Paris angesiedelt sind, auf ähnliche Weise angekündigt und beworben. Alle wichtigen Medien haben - anders als in Deutschland - ihren Sitz in der Hauptstadt und berichten landesweit vorzugsweise über das Pariser Geschehen. Deshalb ist es auch für einen Künstler aus der Provinz unerlässlich, nach Paris überzusiedeln, wenn er zu nationalem oder gar internationalem Ansehen gelangen will. Er sagt dann aber nicht *Je vais à Paris*, sondern *Je monte à Paris*, also wörtlich übersetzt „Ich steige nach Paris auf", was das Gefälle zwischen Paris und der Provinz nicht besser zum Ausdruck bringen könnte.

GLEICHHEIT UND ELITEBILDUNG

Liberté, égalité, fraternité - Freiheit, Gleichheit, Brüderlichkeit - so lautet bekanntermaßen die Devise der Französischen Republik. Der wichtigste der drei Werte ist heute unbestritten der der Gleichheit, denn die durch die Revolution errungene Freiheit ist Gott sei Dank heute in den meisten europäischen Ländern ein Allgemeingut.

Aber in keinem anderen europäischen Land hat das Prinzip der Gleichheit einen so hohen Stellenwert wie in Frankreich. Natürlich sind in unseren Demokratien alle Bürger vor dem Gesetz gleich, aber die typisch jakobinische Komponente in Zusammenhang mit einem ausgeprägten Zentralismus ist kennzeichnend für unser Nachbarland jenseits des Rheins.

In einem föderalistischen Land wie unserem gibt es allein 16 verschiedene Schulsysteme. Jedes Bundesland hat seine eigene Justiz und Polizei, die Länderparlamente haben gesetzgeberische Befugnis. Frankreich verfügt über ein einheitliches Schulsystem, das natürlich auch für die überseeischen Gebiete gilt. Polizei und Justiz sind national einheitlich. Außerdem ist der Zentralstaat in jedem Departement und in jeder Region durch einen Präfekten vertreten, der darüber wacht, dass es keine Ausnahmen vom Prinzip der *égalité* gibt.

Diese Horizontalität, also das Gleichsein und die Gleichbehandlung aller auf dem gesamten Territorium der Französischen Republik, wird noch dadurch verstärkt, dass Staatsbeamte, vor allem Lehrer und Polizisten, häufig versetzt werden. Der korsische Lehrer unterrichtet in der Bretagne, der bretonische im Elsass, der Polizist aus Nizza versieht seinen Dienst auf der Antilleninsel Guadeloupe. Auch Gymnasialdirektoren werden in der Regel alle drei Jahre versetzt, damit keiner seine Schule prägen kann und alle gleichbehandelt werden.

Verwaltungsmäßig sind alle französischen Departements seit der Revolution gleich. Die Präfekten unterstehen alle dem Innenministerium in Paris. Auch die Regionalisierung hat daran nichts Grundsätzliches geändert. Die neuen Regionen haben keinerlei gesetzgebende Kompetenzen und sind mit unseren Ländern in keiner Weise zu vergleichen.

Auch die Wahlen zum Parlament sind in gewisser Weise egalitärer als bei uns. Es gibt keine Landeslisten, keine Erst-und Zweitstimmen, die im Grunde Abgeordnete erster und zweiter Klasse hervorbringen. Über ein Mehrheitswahlsystem wird bei uns der Abgeordnete mit der Mehrheit der Erststimmen direkt gewählt, durch ein Verhältniswahlrecht kommen die Abgeordneten über die Zweistimme in den Bundestag. Durch ein kompliziertes System von Ausgleichs- und Überhangmandaten ändert sich die Zahl der Abgeordneten je nach Legislaturperiode.

In Frankreich werden alle Abgeordneten der Nationalversammlung auf die gleiche Weise nach dem Mehrheitswahlrecht gewählt. Es gibt 577 Wahlkreise (Hier ist eine Reduzierung auf knapp 400 Abgeordnete geplant). Gewählt ist, wer im ersten Wahlgang die absolute oder im zweiten Wahlgang die relative Mehrheit bekommt. Der Staatspräsident mit allumfassenden Machtbefugnissen wird nach dem gleichen Wahlrecht alle fünf Jahre von der Gesamtheit aller Wahlberechtigten gewählt.

Im Spiegel-Interview vom Oktober 2017 sagt der französische Präsident Emmanuel Macron folgendes:

„Deutschland ist anders als Frankreich. Bei Ihnen ist man protestantischer, daraus ergibt sich ein großer Unterschied. Durch die Kirche, durch den Katholizismus wurde die französische Gesellschaft vertikal geprägt, also von oben nach unten. Ich bin der festen Überzeugung, dass das bis heute so geblieben ist. […] Die Geschichte Frankreichs ist einzigartig in Europa.

Überspitzt könnte man sagen, Frankreich ist ein Land von königsmordenden Monarchisten. Es ist ein Paradox: Die Franzosen wollen einen König wählen, aber sie wollen ihn auch jederzeit wieder stürzen können."

In der Tat: in der Geschichte Frankreichs sind beide Tendenzen angelegt: die vertikale, pyramidenartige Machtverteilung von oben nach unten nach dem Vorbild des *Ancien Régime* und der katholischen Kirche und die horizontale, egalitäre Gleichheit der jakobinisch geprägten Französischen Republik. Beide Prinzipien - und das ist paradox - schließen sich nicht aus, sondern ergänzen sich, wie das ja auch die Symbiose der französischen Nationalflagge zeigt: Blau und Rot stehen für das aufständische Paris, Weiß für das bourbonische Königshaus.

Einen wesentlichen Anteil an der paradoxen Vereinbarkeit der beiden Prinzipien hat das französische Erziehungswesen, dessen System auf Einheitlichkeit und Gleichheit beruht. Aber schon früh beginnt in den Schulen aufgrund von Prüfungen und Noten eine Hierarchisierung der Schülerleistungen und damit eine Elitebildung. Zwar besteht die Sekundarstufe I noch aus dem einheitlichen Fundament des *collège*, doch im dreijährigen *lycée* wird die Orientierung fast ausschließlich nach Noten vorgenommen.

In die prestigeträchtigen naturwissenschaftlichen Sektionen werden nur die besten Schüler aufgenommen. So richtig wertvoll ist ein Abitur dann erst, wenn der Prüfling mindestens die Durchschnittsnote 16/20 und somit die *mention très bien* bekommen hat. 2017 waren das 8,2%, eine Zahl, die man bereits als inflationär empfindet.

Wer zu diesem erlauchten Kreis gehört, fühlt sich praktisch verpflichtet, sich noch zwei Jahre durch die *classes préparatoires*, die Vorbereitungsklassen, zu kämpfen, um dann vielleicht Aufnahme in eine der sogenannten *grandes écoles* zu finden. Diese Eliteschulen stehen prinzipiell auch Leuten aus ärmeren Schichten offen, da es die Möglichkeit von Vollstipendien gibt. Die Studienplätze werden nach dem typisch französischen *concours*-System vergeben. Es handelt sich dabei um ein Ausleseverfahren, bei dem so viele Kandidaten bestehen, wie es freie Plätze gibt. So nimmt beispielsweise die bekannteste aller *grandes écoles*, die ENA (*Ecole Nationale d'Administration*) jährlich 80 - 100 Schüler auf; die Bewerbungen überschreiten diese Zahl um ein Vielfaches.

Die Absolventen eines Jahrgangs werden gemäß ihren Ergebnissen in der Abschlussprüfung in eine Rangliste eingeordnet, wobei die Besten vielversprechende Aussichten auf gut dotierte Stellungen haben.

Die Zugehörigkeit zu dieser Elite entscheidet über den Zugang zu Spitzenpositionen sowohl in der Politik, der Verwaltung als auch in der Wirtschaft. Dadurch kommt es zu einer Verflechtung politischer und wirtschaftlicher Führungskreise. Die Hälfte der *grands patrons* an der Spitze der 200 größten französischen Unternehmen haben eine *grande école* absolviert. Praktisch alle Präsidenten und Premierminister außer Sarkozy, natürlich auch Emmanuel Macron, sind *énarques*, also Absolventen der *Ecole Nationale d'Administration.* So sind die *grandes écoles* zu Erziehungsstätten der Elite der Nation geworden und verleihen ihren Absolventen ein hohes Ansehen und eine Vielzahl von Privilegien. Sie sind sozusagen der geistige Adel der Republik.

Diesem mit Privilegien ausgestatteten Adel zugehörig fühlten sich in der Vergangenheit auch die Abgeordneten der Nationalversammlung. Sie beschäftigten - teilweise legal, teilweise illegal - Familienmitglieder, die vom Staat fürstlich entlohnt wurden. Eine solche - offensichtliche - Scheinbeschäftigung seiner Frau und seiner Kinder hat den ehemaligen Premierminister François Fillon 2017 die bereits sicher geglaubte Wahl zum Staatspräsidenten gekostet. Auch die sogenannte *réserve parlementaire*, eine Summe von durchschnittlich 130.000€ pro Abgeordneten, gehörte zu diesen Privilegien. Jeder Abgeordnete konnte nach eigenem Gutdünken damit Projekte, Vereine und Personen unterstützen, ohne darüber Rechenschaft ablegen zu müssen.

Seit dem Amtsantritt von Präsident Macron und dem Wahlsieg seiner Gruppierung *La République En Marche* ist in der Französischen Republik mehr Transparenz eingekehrt. Aber nicht nur aus diesem Grund wird der mit Zwei-Drittel-Mehrheit im Mai

2017 gewählte Präsident vor allem von seinem schlimmsten Widersacher, dem Linksaußen Jean-Luc Mélenchon und den Gewerkschaften bekämpft. Macron hat einmal gesagt, er halte Frankreich aufgrund der überkommenen Machtstrukturen nicht für reformierbar. Und so gehen Mélenchon und Genossen auf die Straßen, vielleicht in der Hoffnung, dem republikanischen Monarchen irgendwann gemäß der revolutionären Tradition - wenigstens symbolisch - den Kopf abschlagen zu können.

Seit November 2018 haben die *gilets jaunes*, die Gelbwesten, diese Rolle übernommen. Lautstark fordern sie jeden Samstag: *Macron démission!* (siehe Kapitel: Ruralité und gilets jaunes)

PARTEIEN UND GEWERKSCHAFTEN

Gegenwärtig befindet sich Frankreich in einem Umbruch, den es so seit Beginn der Fünften Republik im Jahre 1958 noch nicht gegeben hat. Das überkommene Parteiengefüge löst sich nicht nur aufgrund der zunehmenden Bedeutung des rechtsradikalen *Front National* (jetzt: *Rassemblement National*) von Marine Le Pen auf. Traditionellerweise standen sich die Linken, im Wesentlichen die Sozialistische Partei, und die Rechten, also die Konservativen, als zwei unversöhnliche Blöcke gegenüber. Sie stellten sämtliche Präsidenten der Fünften Republik . Aber seit der Gründung von Macrons neuer Gruppierung *La République en marche* und erst recht seit dessen Wahl zum Staatspräsidenten hat sich die politische Landschaft Frankreichs grundlegend verändert.

In der neuen Sammlungsbewegung, die in der Nationalversammlung über eine komfortable absolute Mehrheit verfügt, haben zahlreiche Sozialisten und Konservative eine neue Heimat gefunden. Der von Macron ernannte Premierminister Edouard Philippe ebenso wie zwei seiner Minister entstammen der politischen Rechten, der Außenminister und Sozialist Le Drian war unter Präsident Hollande bereits Verteidigungsminister. Es scheint, als hätte das überkommene Konfrontationsmodell in der französischen Politik ausgedient.

Denn bisher war es so, dass diejenigen, die die Macht hatten, sehr autoritär damit umgingen und deshalb auch von ihren politischen Gegnern erbarmungslos bekämpft wurden. Oft mobilisierten diese dann auch die Gewerkschaften, die durch Streiks oder Massendemonstrationen bisher mehrere

Reformprojekte zu Fall gebracht haben. Aus deutscher Perspektive fragt man sich, ob das hierzulande bevorzugte Modell der Kompromissbereitschaft statt Konfrontation nicht ein wenig auf unser Nachbarland abfärbt.

An dieser Stelle noch ein Wort zu den französischen Gewerkschaften, die sich in mancher Hinsicht von unseren unterscheiden. Gewerkschaftlich organisiert sind nur etwa 8% der Arbeitnehmer, womit Frankreich in Bezug auf die Mitgliederzahlen den letzten Platz in der EU einnimmt. Da es bei unseren Nachbarn keine eigentliche Tarifautonomie gibt, sind Streiks häufig benutzte Mittel im Verhandlungsprozess. In Deutschland ist das Streikrecht an strenge Bedingungen geknüpft, sogenannte „wilde Streiks" sind verboten.

In Frankreich dagegen ist das Streikrecht ein individuelles Menschenrecht und es genügen drei Teilnehmer, um einen legitimen Arbeitskampf auszurufen. Oft ist es in der Vergangenheit gelungen, mit einer geringen Anzahl von Streikenden das ganze Land lahmzulegen, so z.B. durch die Blockade von Ölraffinerien oder die Vollsperrung wichtiger Autobahnen durch ein paar quergestellte LKWs. Für französische Gewerkschafter gehört zum Streik offenbar zwingend eine symbolische Handlung, die durch die Fernsehbilder in alle Wohnstuben übertragen wird: Autoreifen werden angezündet und die schwarze Rauchfahne verkündet weithin den Zorn der Streikenden.

Anders als in Deutschland gibt es keine Einheitsgewerkschaft, sondern fünf große Gewerkschaftsverbände, die von der Regierung als repräsentativ angesehen werden. Die Gewerkschaften sind politisch ausgerichtet, wobei die größte, nämlich die CGT, auch die radikalste ist. Für sie - und für die anderen im eingeschränkten Maße - ist Arbeitskampf weiterhin Klassenkampf. Bezeichnend dafür sind auch die französischen Entsprechungen für die äußerst neutralen deutschen Begriffe Arbeitgeber und Arbeitnehmer, nämlich *patron* und *salarié*, zu Deutsch Lohnabhängiger.

Dass man als Gewerkschafter Arbeitgeber und Regierung gnadenlos auf der Straße bekämpft, findet sein Vorbild in der

Geschichte. So zogen die Pariser Frauen im Oktober 1789 vor das Schloss in Versailles, um vom König Brot zu fordern. Dieses Ereignis ist Teil des kollektiven Gedächtnisses und mag auch der Grund dafür sein, dass ein Franzose, unabhängig von seiner politischen Richtung, eine positive Einstellung zur *manif*, also der Demonstration auf der Straße hat. Und auch die radikale Art und Weise, wie man während der Revolution mit König, Adel und politischen Gegnern umgegangen ist, mag erklären, weshalb der soziale Dialog, der zu einem Kompromiss führt und in einem Vertrag Ausdruck findet, offensichtlich der französischen Kultur widerspricht.

INTERKULTURELLE UNTERSCHIEDE IM RAHMEN DER WIRTSCHAFTLICHEN ZUSAMMENARBEIT UND DES MANAGEMENTS

Frankreich ist für Deutschland der größte und wichtigste Handelspartner, was natürlich auch umgekehrt gilt. Deutsche Firmen haben Niederlassungen in Frankreich, viele Deutsche sind bei französischen Firmen in Deutschland beschäftigt oder arbeiten in deutsch-französischen Konzernen wie z.B. bei Airbus in Toulouse. Aufgrund mangelnder Kenntnis des jeweils anderen hat es in dieser Zusammenarbeit zahlreiche Missverständnisse gegeben. Deshalb befassen sich seit einigen Jahren nicht wenige Veröffentlichungen mit dem Thema der interkulturellen Kompetenz, vor allem am Beispiel der beiden Handelspartner Deutschland und Frankreich.

Hervorheben möchte ich dabei das Werk „Erfolg durch interkulturelle Kompetenz“ von Christian Geistmann. Er zeigt die interkulturellen Unterschiede in den Verhaltensweisen von Deutschen und Franzosen im geschäftlichen Umgang miteinander auf und möchte mit einem Trainingsprogramm zu einem besseren Verständnis Frankreichs und der Franzosen beitragen. Im Folgenden beziehe ich mich auf die Ausführungen Geistmanns in dem zitierten Werk.

In einem konkreten Fallbeispiel versucht der Autor, die verschiedenen Verhaltensmuster zu veranschaulichen. Er wählt dabei das Thema „Geschäftsessen“. Das *déjeuner d'affaires* spielt in Frankreich eine große Rolle, während in Deutschland der Mittagspause kein besonderer Wert zuerkannt wird.

„Karl-Heinz-Richter, der Chef eines Dienstleistungsunternehmens ist zu Kooperationsverhandlungen in Paris. Großzügig lädt er seine französischen Gesprächspartner zum Mittagessen ein. Als der Küchenchef Vorspeisen ‚frisch vom Markt' anbietet, unterbricht Richter, unter Zeitdruck stehend, diesen kurz angebunden, ‚Danke, für mich nur ein Steak und Salat und kein Dessert!' Die Franzosen folgen dem Beispiel, sind aber zunehmend einsilbiger, die anfänglich gute Atmosphäre ist dahin.

Französische Wahrnehmung: ‚Was für ein Banause! Der hat ja überhaupt keine Kultur! Lädt uns in ein gutes Restaurant ein und genießt noch nicht einmal die Küche und das Ambiente. Da hätten wir ja gleich einen Hamburger essen können. Das kann ja heiter werden für die zukünftigen Geschäfte. Wollen wir lieber mal auf der Hut sein.' Deutsche Wahrnehmung: ‚Was ist nur mit denen los? Ich lade sie schon in ein gutes Restaurant ein und dann machen sie so ein Gesicht. Sie wissen doch, dass wir nicht so viel Zeit haben. Da geht mein Flieger um 18.00 Uhr und um 15.00 Uhr bestellt man gerade den Nachtisch.' "

(Geistmann, 2003)

Offensichtlich hat der deutsche Geschäftsmann verkannt, dass in Frankreich die Wahl eines guten Restaurants Ausdruck der Wertschätzung ist, die man dem Partner bzw. Gast entgegenbringt. Deshalb sollte man sich umso mehr Zeit nehmen, je besser das Restaurant ist. Beachtet man diese Regel nicht, wird das als Affront nicht nur gegenüber dem Partner bzw. Gast, sondern auch gegenüber dem Küchenchef gewertet. Essen stellt nämlich in Frankreich kein lästiges Element dar, sondern dient im geschäftlichen Bereich zum gegenseitigen Beschnuppern und zur Schaffung einer vertrauensvollen Atmosphäre.

In diesem Zusammenhang sei erwähnt, dass das Sozialprestige eines leitenden Angestellten nicht wie in Deutschland von der Zurverfügungstellung eines möglichst hochklassigen Firmenwagens abhängt. Ein *cadre supérieur* leitet sein Ansehen davon ab, zu welchen Sternenrestaurants ihm seine firmeneigene Kreditkarte Zutritt verschafft.

Dass die Zusammenarbeit zwischen Deutschen und Franzosen nicht immer reibungslos verläuft, lässt sich dadurch erklären, dass man sich an unterschiedlichen kulturellen Gegebenheiten orientiert. Diese liefern unterschiedliche Muster und Verhaltensweisen, die ein idealtypisches Handlungsvorbild abgeben, das zu einer bestimmten Arbeitsweise führt.

Häufig stehen sich diese unterschiedlichen Arbeitsweisen in ihrer idealtypischen Ausprägung diametral gegenüber. So ist das deutsche Vorgehen geprägt von geplanten, sachlich rationalen Aspekten wie Berechenbarkeit, Verlässlichkeit, Pünktlichkeit, Ordnungssinn und Pflichtbewusstsein. Dem gegenüber steht die französische Vorgehensweise, die sich durch spontane, intuitiv-emotionale Aspekte auszeichnet, die da sind: Sympathie, persönliche Originalität, Phantasie, Freiheit und Flexibilität.

Ähnlich verhält es sich mit den anderen kulturell bedingten Faktoren, die sich auf die Arbeitsweise auswirken. Um eine deutsch-französische Zusammenarbeit erfolgreich zu gestalten, bedarf es deshalb mehrerer Voraussetzungen. Man muss die durch die unterschiedlichen kulturellen Gegebenheiten bedingten Arbeitsweisen der eigenen und der anderen Seite kennen. Dann gilt es, Rücksicht zu nehmen auf das andere Arbeitsverhalten und das eigene nicht überzubetonen. Die Verbindung der positiven Aspekte beider Vorgehensweisen setzt schließlich viel positive Energie frei und führt in der Regel zum Gelingen des gemeinschaftlichen Projekts.

L'AMOUR, TOUJOURS L'AMOUR

Dass Paris die Stadt der Liebe ist, wissen wir dank Tausender Chansons und vielleicht eigener Erfahrungen. Wie in kaum einem anderen Land ist die Liebe Teil nationaler Identität, genauso wie Mode, Essen und Trinken. „Für einen Franzosen oder eine Französin ist ein Mensch, der kein Begehren kennt, ein geradezu defizitäres Wesen, wie jemand ohne Geschmacks- und Geruchssinn. Seit Jahrhunderten sind die Franzosen Weltmeister darin, uns mit ihrer Literatur, ihrer Malerei, ihren Chansons und Filmen zu zeigen, was die Kunst der Liebe ausmacht." Dies schreibt die amerikanische Romanistin Marilyn Yalom in ihrem Buch „Wie die Franzosen die Liebe erfanden" und sie fährt fort:

„Der ganze Rest der Welt bedient sich beim Liebesvokabular gerne französischer Ausdrücke. Zungenküsse werden im Englischen ‚french kissing' *genannt. Wörter wie* ‚Rendezvous', ‚Tête-à-tête' *und* ‚Ménage à trois' *bezeichnen Vertraulichkeiten mit französischem Flair […] und* ‚amour' *muss man erst gar nicht übersetzen."*

(Yalom, 2013)

Über die Jahrhunderte hinweg wurde die Liebe in Frankreich verfeinert. Dabei entstand ein Regelwerk an Verhaltensmustern, die ein Mann im Umgang mit Frauen beachten sollte. Marilyn Yalom spricht von einem „Kodex des guten Benehmens, bestehend aus Respekt und Achtung, aber auch Verführung und Sinn für das Feierliche." Das feinsinnige Reagieren auf eine Frau macht für die Französin den Reiz eines Zusammentreffens der beiden Geschlechter aus.

Anders als in Deutschland ist der Flirt ein beständiges Spiel zwischen Mann und Frau. Der Franzose versucht, der Frau ein Wohlgefühl zu vermitteln, indem er ihr seine Bewunderung ausdrückt. Und die kann vielfältiger Art sein: ein anerkennender Blick, ein Umdrehen auf der Straße, ein galantes Kompliment oder eine anspielungsreiche Formulierung. Französinnen, die in Deutschland leben, vermissen dies häufig bei deutschen Männern.

Im Gegensatz zu angloamerikanischen und protestantisch geprägten Ländern ist Liebe ohne sexuelle Lust schwer vorstellbar. Dabei ist die Ehe kein Korsett, aus dem auszubrechen mit gesellschaftlicher Ächtung bestraft würde. Deshalb gehen Franzosen mit einem Seitensprung entspannter um als beispielsweise Amerikaner, man denke nur an die Affäre von Bill Clinton mit der Praktikantin Monica Lewinsky. So stammt beispielsweise vom ehemaligen Premierminister Dominique de Villepin der Satz: „Ein französischer Politiker ist jemand, der eine Frau in der Provinz hat und eine Maitresse in Paris."

Dieser lockere Umgang mit der ehelichen Treue hat natürlich sein Vorbild in der Geschichte. So hielten Frankreichs Könige ihre Maitressen ganz offiziell. Der Sonnenkönig Ludwig XIV., aus politischen Gründen mit Maria Theresia von Spanien verheiratet, hatte eine lange Reihe von Favoritinnen. Darunter waren Madame de Montespan, mit der er sieben Kinder zeugte, und Madame de Maintenon, die diese als Gouvernante erzog.

Offensichtlich setzten die Präsidenten der Republik diese Tradition fort. 1899, zur Zeit der Dritten Republik, hat deren Präsident Félix Faure der Tod während eines Schäferstündchens mit seiner Maitresse, der Frau des Hofmalers Steinheil, im Elysée-Palast ereilt. Von den Präsidenten der Fünften Republik hat praktisch nur Charles de Gaulle diese Tradition nicht respektiert. Seine sittenstrenge Frau Yvonne hat sicherlich für die notwendige Zucht in moralischen Angelegenheiten gesorgt.

Besonders hervorgetan in der Disziplin des Seitensprungs haben sich die Präsidenten Valéry Giscard d'Estaing, François Mitterrand und Jacques Chirac. Dabei waren die Liebschaften der mächtigsten Männer der Republik ein offenes Geheimnis. Die

Presse schwieg sich jedoch beharrlich darüber aus, weil eine ganze Reihe von Journalistinnen zu den Auserwählten gehörte.

Mitterrand lebte beispielsweise mit seiner Geliebten zusammen, mit der er eine Tochter hatte. Als er zum Präsidenten gewählt wurde, hat man für seine Zweitfamilie eigens ein Appartement in einem Wohnblock eingerichtet, in dem Mitarbeiter aus dem Elysée-Palast untergebracht waren. Dort verbrachte Mitterrand den größten Teil seines Privatlebens. Offiziell trat er mit seiner Frau Danielle auf, die ansonsten ihr eigenes Liebesleben führte.

Mitterands Nachfolger Chirac war in Liebesdingen sogar noch aktiver als sein Vorgänger, aber auch unvorsichtiger. Seine Frau Bernadette litt sehr unter der Untreue ihres Mannes, der von seinem Chauffeur *Monsieur dix minutes, douche comprise* (Monsieur zehn Minuten, Dusche inklusive) genannt wurde. Als in der Nacht vom 31. August 1997 Lady Diana in Paris tödlich verunglückte, suchte die ganze Republik ihren Staatspräsidenten. Ein Anruf des Innenministers bei Bernadette war erfolglos: „Woher soll ich wissen, wo er sich um diese Uhrzeit rumtreibt?" Erst der Hinweis, dass die gesamte Weltpresse im Begriff war, sich an den Unglücksort zu begeben, bewegte den Chauffeur dazu, Chirac aus den Armen der Schauspielerin Claudia Cardinale loszureißen.

Nicolas Sarkozy machte dagegen aus seinen beiden Ehen eine öffentliche Angelegenheit, wofür ihm die Boulevard-Presse zu Dank verpflichtet war. Bei seiner Amtseinführung rückte er seine zweite Ehefrau Cécilia bewusst in den Vordergrund, obwohl ganz Frankreich wusste, dass sie ihn zwei Jahre zuvor wegen eines anderen verlassen hatte. Nach der Scheidung machte Sarkozy die Bekanntschaft der italienisch-stämmigen Chanson-Sängerin Carla Bruni. Das ehemalige Model war zuvor mehrfach liiert, unter anderem mit Mick Jagger, Eric Clapton und dem ehemaligen Premierminister Laurent Fabius, aber auch mit mehreren Schauspielern und Autoren. Ihre Hochzeit fand unter lebhafter Teilnahme der Klatschpresse statt. Genüsslich spießte diese auch Carlas Bekenntnis auf: „Monogamie langweilt mich zu Tode. Ich ziehe Polygamie und Polyandrie vor."

François Hollande wollte ein ganz normaler Präsident sein. Vor der Wahl hatte er sich von seiner Lebensgefährtin Ségolène Royal getrennt, mit der er vier Kinder hat. Seine neue Lebenspartnerin, die Journalistin Valérie Trierweiler, stellte die ganze Republik vor die Frage, ob man denn eine Unverheiratete *Première Dame* nennen könne. Aber die Verbindung dauerte nicht lange. Denn schon bei seiner Wahl ging ein Gerücht um: Hollande hat ein Verhältnis mit der Schauspielerin Julie Gayet. Die verlassene Valérie Trierweiler revanchierte sich mit einem ganzen Buch: *Merci pour ce moment* – „Danke für diesen Augenblick", in dem sie boshaft über die Zeit mit Hollande berichtete.

Wie in so vieler Hinsicht scheint auch in Liebesdingen der neue Präsident Emmanuel Macron eine Ausnahme darzustellen. Seine um 20 Jahre ältere Ehefrau Brigitte hatte er in jungen Jahren kennengelernt. Sie war verheiratet, Mutter von zwei Kindern und seine Französischlehrerin. Jahrelanges Werben um sie führte schließlich zum Erfolg. Sie ließ sich scheiden und heiratete vor gut zehn Jahren den zukünftigen Präsidenten der Republik. Sie begleitet ihn - als Repräsentantin der französischen *haute couture* - bei offiziellen Anlässen, ansonsten schützen die beiden ihr Privatleben vor der Öffentlichkeit.

BROT

Was vermissen Deutsche und Franzosen im Ausland am meisten? Die einen ein knuspriges Weißbrot, die anderen ein vernünftiges Roggenbrot. Brotkonsum weisen beide Länder Spitzenwerte auf: Deutschland 86 Kilo und Frankreich (ebenso wie Italien) 60 Kilo pro Kopf und Jahr (Quelle: Akademie Deutsches Bäckerhandwerk Weinheim). Im Jahr 2014 wurde die deutsche Brotkultur sogar zum UNESCO-Weltkulturerbe ernannt. Es ist dabei, laut offizieller Website der UNESCO, „nicht nur weltweit beliebt, sondern auch in seiner Vielfalt einzigartig".

In der Tat gilt Deutschland als das Land, in dem die meisten Brotsorten gebacken werden. Grund hierfür ist einerseits die Getreidevielfalt, die wegen der unterschiedlichen Anbaubedingungen im Gegensatz zu anderen Ländern nicht nur Weizen umfasst, sondern auch Roggen (z. B. in Norddeutschland) oder Dinkel (z. B. auf der Schwäbischen Alb). Ein weiterer Grund der Brotvielfalt ist die Kleinstaatlichkeit vergangener Zeiten, die es so in anderen, vorwiegend zentralistisch geprägten Ländern nicht gab und zu unterschiedlichen Backkulturen in den einzelnen Ländern Deutschlands führte. Die am häufigsten verzehrte Brotsorte im deutschsprachigen Raum ist Mischbrot, das aus einer Mischung von Roggen- und Weizenmehl gebacken wird.

Deutsches Brot ist in der Regel Vollkornbrot, d.h. es wird Vollkornmehl verwendet, in dem alle drei Bestandteile eines Getreidekorns verarbeitet sind: Keim, Mehlkörper und Schale. Dadurch erscheinen die Brote auch dunkler. Außerdem gilt es als gesund, da es die dreifache Menge an Mineralstoffen und doppelt so viele Vitamine und Ballaststoffe wie Weißbrot enthält.

Das französische Brot unterscheidet sich in Form, Farbe und Funktion deutlich von seinen deutschen Varianten. Es wird ausschließlich aus Weizenmehl, Wasser, Hefe und Salz hergestellt und ist deshalb wesentlich heller als das deutsche Brot. Seine Form ist fast immer länglich und wird normalerweise in folgenden Größen angeboten: *Ficelle* (Faden): 100 g, *Baguette* (Stab): 250 g, *Pain* (Brot): 400 g. (In Deutschland wird praktisch jedes längliche Weißbrot *Baguette* genannt.)

Das Weißbrot muss luftig und locker sein und eine knusprige Kruste aufweisen, was bei den hierzulande verkauften *Baguettes* so gut wie nie der Fall ist. Das Geheimnis eines guten *Baguettes* liegt nach Aussage des französischen Bäckermeisters Philippe Hermenier in der „ZEIT" nicht nur in der hohen Qualität des Mehls, sondern vor allem in der Zeit:

Zeit ist eine der wichtigsten Zutaten für ein Baguette. Der Teig braucht immer wieder Ruhephasen, damit sich die Aromen entwickeln können. Das Baguette sollte eine luftige, gelbliche Krume mit Löchern und eine goldfarbene, kräftige Kruste haben. Am Schluss schneidet der Bäcker mit einer Rasierklinge die Teiglinge ein – wir nennen das die persönliche Unterschrift des Bäckers.

Es gibt große Unterschiede in der Art, wie deutsche und französische Bäcker arbeiten. Teilweise verwenden wir verschiedene Öfen. Die deutschen Bäckereien sind oft größer und haben mehr Maschinen im Einsatz. Ein deutsches Baguette wird also schneller hergestellt. Wenn wir in Frankreich ein gutes ‚baguette de tradition' backen wollen, benötigen wir dazu bis zu zehn Stunden. Die viele Handarbeit hat natürlich auch Nachteile: Wir brauchen mehr Personal.

Maßgeblichen Anteil an der Qualität des Brots hat natürlich der Bäcker in seiner Backstube. Und da ist ein Zahlenvergleich zwischen beiden Ländern äußerst interessant. In Deutschland ist die Zahl der Bäckereien kontinuierlich zurückgegangen. Sie liegt 2018 bei knapp über 11.000. Betrachtet man die durchschnittliche Mitarbeiterzahl pro Bäckerei von 24, wird klar, dass es sich dabei nicht nur um viele traditionelle Handwerksbetriebe handelt, sondern, dass diese Zahl auf zahlreiche industrielle Großbäckereien schließen lässt. Diese liefern in vielen Fällen dann nur noch Teiglinge an ihre Filialen, wo diese aufgebacken werden. Dies trifft vor allem auf Brötchen zu.

In Frankreich ist die Anzahl der handwerklich arbeitenden Bäckereien über die letzten zehn Jahr praktisch konstant geblieben und liegt deutlich über 32.000, wobei fast die Hälfte mit einem oder zwei Mitarbeitern auskommen. Rein statistisch kommt in Frankreich eine Bäckerei auf 1.800 Personen, in Deutschland sind das 7.200. Nur 12% der Franzosen kaufen ihr tägliches Brot in der Filiale einer Bäckereikette, in Deutschland liegt diese Zahl deutlich höher.

Nicht nur in Farbe, Form und Herstellung unterscheidet sich das Brot in beiden Ländern. Brot ist in Deutschland vor allem Bestandteil des Frühstücks und des Abendessens. Es wird in Scheiben geschnitten und mit Butter und Marmelade bestrichen oder mit Wurst bzw. Käse belegt. Beim (kalten) Abendessen ist es integrativer und unverzichtbarer Bestandteil der Mahlzeit, die deshalb - besonders in Norddeutschland - auch „Abendbrot“ genannt wird.

In Frankreich ist das Weißbrot ebenfalls Bestandteil des Mittag- und des Abendessens, aber auf eine ganz andere Art. Allein schon die Tatsache, dass sich der Platz des Brots nicht auf dem Teller, sondern daneben befindet, deutet auf diesen Unterschied hin. Es ist sozusagen ständiger Begleiter der Mahlzeit, dies aber in sehr diskreter Form. Es wird nicht in Scheiben geschnitten, sondern in Stücke gebrochen (oder auch geschnitten) und hat eine dienende Funktion.

So werden bestimmte Vorspeisen (z.B. *pâté,* also Pastete) auf kleine Stückchen gepackt und in den Mund geschoben. Ähnlich verfährt man mit dem Käse, wobei man unbedingt darauf achten sollte, dass runde Sorten immer als Kreissegment und nie in Scheiben portioniert werden. Ansonsten kann das Brot auch die Aufgabe übernehmen, mundgerechte Portionen auf die Gabel zu schieben. Deshalb benutzen viele Franzosen das Messer nur zum Schneiden, ansonsten halten sie das Brot in der linken und die

Gabel in der rechten Hand. Und natürlich darf man dem Koch den Rest der Sauce, auf deren Zubereitung er soviel Sorgfalt verwendet hat, nicht in die Küche zurückschicken. Für diese Aufgabe des Weißbrots gibt es sogar ein eigenes Wort: *saucer* (tunken).

In zwei Fällen behandeln die Franzosen ihr Brot wie die Deutschen. Beim Frühstück wird das Brot in zwei Hälften geschnitten und mit Butter und Marmelade bestrichen (*tartines*). Und dann noch der Renner des Fast-food-Mittagessens, der erst 2017 seine Spitzenstellung an den Hamburger abgeben musste: *Le jambon-beurre,* das mit Butter bestrichenen und mit gekochtem Schinken belegte Sandwich. In beiden Fällen ist das Brot nicht diskreter Begleiter, sondern hauptsächlicher Bestandteil der Mahlzeit.

Übrigens: Nicht immer war das Brot in Frankreich weiß. Die ausschließliche Herstellung aus Weizenmehl soll auf einen Wiener Bäcker anfangs des 19. Jahrhunderts zurückgehen. Deshalb kannten es auch die Pariser Marktweiber noch nicht, als sie zum Schloss von Versailles zogen mit der Forderung *Donnez-nous du pain!* („Gebt uns Brot!“). Marie-Antoinette soll darauf geantwortet haben: *S'ils n'ont pas de pain, qu'ils mangent de la brioche.* („Wenn sie kein Brot haben, sollen sie Kuchen essen!“) Jedoch geht dieses Zitat auf Jean-Jacques Rousseau zurück, der gern die Dekadenz und den Sittenverfall des Adels anprangerte, der in Saus und Braus lebte, während das Volk darbte – eine jener Ungerechtigkeiten, die schließlich die Französische Revolution hervorriefen.

Zum Abschluss dieses Kapitels noch ein etwas längeres Zitat aus dem Artikel „Deutsche Heiligtümer: Schwarz-Rot-Brot von Philipp Kohlhöfer (Spiegel-online 19.12.2007). Aber Vorsicht: ganz ernst nehmen darf man diese Brot-Philosophie aber nicht!

Brot ist Träger vieler wichtiger Elemente - und damit ist nicht der Schinken gemeint, mit dem es belegt ist. Brot enthält Vitamine, Mineralien, Spurenelemente, Ballaststoffe und Eiweiße. Die überwiegende Anzahl der Stoffe befindet sich aber in den Randschichten des Korns. Blöd für Baguetteliebhaber: Beim Vollkornbrot sind alle Randschichten des Kornes enthalten, bei Weißbrot sind sie entfernt. Schwarzbrot wird, aufgrund der vielen komplexen Kohlenhydrate, langsam verdaut, man bleibt länger satt und isst weniger. Mit anderen Worten: Schwarzbrot macht schön, Weißbrot macht hässlich. Jedes Land kriegt das Brot, das es verdient.

Vielleicht hat Schwarzbrot auch einfach mit harter Arbeit zu tun, Weißbrot dagegen mit In-der-Sonne- sitzen. Und vielleicht passt Schwarzbrot deswegen auch einfach besser zu den Deutschen als Weißbrot. Um hier mal die Klischeesau durchs Dorf zu jagen: Der Deutsche arbeitet ja bekanntlich hart und diszipliniert und ausdauernd und selbst in seiner Freizeit, zu der er gezwungen werden muss, denkt er nur daran, wie er seine Arbeit noch effektiver gestalten kann. Außerdem ist er meistens schlecht gelaunt und beklagt sich über das Wetter.

LUXUS

Man stelle sich gedanklich einmal Angela Merkel und Brigitte Macron vor. Beide sind etwa gleichaltrig (Mme Macron ist 15 Monate älter als Frau Merkel), aber sonst: welch ein Unterschied! Beide repräsentieren ihr Land und vermitteln, gewollt oder ungewollt, ein Bild dessen, was typisch deutsch oder typisch französisch ist.

Was einem beim Anblick der Bundeskanzlerin durch den Kopf geht, das hängt natürlich von der eigenen politischen Überzeugung ab und soll hier nicht Gegenstand der Untersuchung sein. Unbestritten ist dagegen, dass die „Erste Dame Frankreichs" *(la première dame de France)* durch ihre Eleganz und ihr Modebewusstsein beeindruckt.

Madame Macron sieht sich sicherlich selbst und im Auftrag der Nation als Botschafterin der *Haute Couture,* die selbst wiederum als Botschafterin der französischen Luxus-Industrie angesehen werden kann. Aushängeschilder dieser hochkarätigen Modebranche sind Chanel, Givenchy, Christian Dior und Jean-Paul Gaultier. Diese Häuser kreieren aber nicht nur Mode, sondern auch teure Parfums und andere Luxus-Accessoires und prägen damit das Bild, das die Welt von Frankreich hat. Der mit Abstand größte Luxusgüter-Konzern ist LVMH (Louis Vuitton - Moët-Hennessy), der im Wesentlichen in den Bereichen Wein und Spirituosen, Mode und Lederwaren, Parfum und Kosmetika sowie Uhren und Schmuck tätig ist.

Wie der Elite-Begriff so ist auch der Begriff Luxus in Frankreich traditionell positiv besetzt. Obwohl die Schere zwischen

Arm und Reich weiter als hierzulande aufklafft, wird derjenige, der sich Luxus leisten kann, von vielen bewundert. Frankreich, vor allem Paris und die Côte d'Azur (man denke nur an die Luxushotels und Juweliere), setzt in diesem Bereich Maßstäbe und wirkt wie ein Magnet auf die Reichen dieser Welt.

Deutschland ist dagegen das Land der Schnäppchen-Jäger, in dem das Motto „Geiz ist geil" sehr viel Zustimmung erhält und in dem auf der Grundlage des sogenannten „Preis-Leistungs-Verhältnisses" geurteilt wird. Luxus stand hierzulande lange nicht für Verfeinerung und Lebensart, sondern für zur Schau gestelltes Neureichentum. So wurde dem Ex-Kanzler Gerhart Schröder seine Vorliebe für teure Zigarren zum Verhängnis („Cohiba-Kanzler") und das Brioni-Label blieb länger an ihm haften, als ihm lieb sein konnte. Auch muss man in Deutschland seine Volksnähe dadurch zum Ausdruck bringen, dass man eine so kulinarisch anspruchslose Speise wie Currywurst (Schröder) als Lieblingsessen deklariert. Ex-Kanzler Kohls Saumagen ist dagegen schon als Höhepunkt der Pfälzer Regionalküche anzusehen. Von französischer *Haute Cuisine* ist man da weit entfernt.

In diesem Zusammenhang zwei Auszüge aus einem Interview, das der saarländische Spitzenkoch Christian Bau (Drei Sterne im Michelin-Restaurant Führer) anlässlich der Verleihung des Bundesverdienstkreuzes der „Süddeutschen Zeitung" gegeben hat. Auf die Frage, ob der Deutsche gar keinen Luxus goutiere, antwortet er:

Das tut er sehr wohl! Solange es sich dabei um eine S-Klasse als Dienstwagen handelt. Damit hat keiner ein Problem. Und auch nicht damit, dass im Sommer die halbe Regierung nach Bayreuth zu den Festspielen pilgert. Da kostet die Karte 300 Euro …

Frage: *Woran liegt es Ihrer Meinung nach, dass Hunderte Schriftsteller, Musiker, Maler und Schauspieler ausgezeichnet wurden - aber keine Spitzenköche?*

Ehrlich? Die Politik verachtet uns. Wir sind für diese Leute die "Gourmettempel", die Dekadenten mit dem Hummer, dem Kaviar, den

Trüffeln. Das meiden Politiker wie der Teufel das Weihwasser. Zu mir kommen Gäste aus Tokio, aus New York, aus Paris. Wissen Sie, wer nicht kommt? Der saarländische Ministerpräsident. Oder seine Vorgängerin. Oder deren Vorgänger.

Französische Präsidenten - und nicht nur die - sind in Drei-Sterne-Lokalen häufig zu Gast. Und sie scheuen sich auch nicht, ihren Hang zum Luxus offen zu zeigen. Allerdings hat das der Ex-Präsident Nicolas Sarkozy etwas übertrieben, als er auf Super-Luxusyachten Urlaub machte und deshalb nicht nur von dem US-Magazin Time als „Präsident Bling-Bling“ verspottet wurde. Seinem Nachfolger François Hollande wurde jedoch gerade der Mangel an Extravaganz zum Vorwurf gemacht. Er wollte nämlich ein ganz normaler Präsident sein.

Während man in Deutschland beim Gespräch mit Freunden und Bekannten von prestigeträchtigen Auslandsurlauben (und unter Männern von teuren Autos) spricht, kann man in Frankreich eher damit punkten, dass man möglichst viele Sterne-Restaurants und deren Spezialitäten kennt. Auch das Geständnis, dass man im Weinkeller sündhaft teure Spitzenlagen aus Burgund oder dem Bordeaux-Gebiet lagert, bringt genau so viel gesellschaftliches Ansehen ein wie die Kenntnis der exklusivsten Champagner-Marken. In Deutschland gilt es als Snobismus, wenn man im Restaurant 100€ für ein Menü ausgibt und dazu noch eine Flasche Wein zum gleichen Preis bestellt. Wer dagegen 400 € oder mehr für Alufelgen ausgibt, hat sein Geld gut angelegt. Beim Neuwagenkauf spielt der Preis häufig keine Rolle, wenn nur die Marke und somit das Prestige stimmt. Man kann es sich ja schließlich leisten (wenn vielleicht auch nur auf Kredit).

Dazu noch einmal ein deutscher Spitzenkoch, nämlich Tim Raue (zwei Sterne im Michelin-Restaurantführer), der in einem Interview mit der Tageszeitung *Libération* (26.1.2019) sich folgendermaßen äußert: *“Le premier truc qui compte pour les gens, c'est leur voiture. Puis leur maison. Ensuite leur vêtements. Et les vacances aussi. Et enfin, peut-être en sixième ou septième position, ils vont s'intéresser au fait qu'ils ont parfois faim ou soif.“* Tout le contraire *de la culture française, donc. "En voyage en France pour la première fois, peut-être en 1991", raconte-t-il en souriant, "j'ai vu deux types arriver au volant d'une Citroën toute pourrie et se garer pour aller dîner dans un restaurant étoilé."*

Zu Deutsch: „Was an erster Stelle zählt für die Leute, das ist ihr Auto. Dann ihr Haus. Schließlich ihre Klamotten. Und auch die Ferien. Und dann, vielleicht an sechster oder siebter Stelle, denken sie daran, dass sie manchmal auch Hunger und Durst haben." Das ist also genau das Gegenteil dessen, was man in Frankreich unter Kultur versteht. „Als ich zum ersten Mal in Frankreich war, das muss 1991 gewesen sein", erzählt er lächelnd, „habe ich gesehen, wie zwei Typen am Steuer eines schrottreifen Citroën vor einem Sternenrestaurant geparkt haben, um dort zu essen zu gehen."

Offensichtlich versteht man im Land der Reformation unter Luxus etwas anderes als in Frankreich. Als „älteste Tochter der Kirche" ist Frankreich seit Jahrhunderten an die luxuriöse Prachtentfaltung der katholischen Kirche gewöhnt. (Sogar der Beerdigung wird ein gewisser Pomp zugesprochen: das Bestattungsunternehmen heiß nämlich *pompes funèbres.*) Außerdem kennt man Pomp und Glanz auch vom Hof des Sonnenkönigs in Versailles. Das ist vielleicht der Grund dafür, dass jenseits des Rheins Raffinesse und feine Lebensart (vor allem im Bereich des Kulinarischen) Bestandteil des Begriffes Luxus im Speziellen und der Kultur im Allgemeinen sind.

In Deutschland scheint man heutzutage bei diesem Begriff eher an qualitativ hochwertige Produkte, hervorragende Verarbeitung und exklusiven Service zu denken. Ein Blick auf die Statistik der deutschen Luxusmarken bestätigt diese Vermutung. Unter den Top 10 der deutschen Luxusmarken sind zwei Uhrenhersteller, zwei Küchenmöbel-Produzenten, zwei Firmen aus dem Bereich Unterhaltungselektronik sowie an dritter Stelle der Automobilhersteller Porsche (Quelle: Manager Magazin. 20.3.2018). Offensichtlich spielt der praktische Wert dessen, was Luxus ist, eine nicht unwesentliche Rolle. Damit sind wir relativ weit entfernt von dem, was sich die Franzosen unter Luxus vorstellen.

RURALITÉ UND GILETS JAUNES

R*uralité*, wörtlich übersetzt: Ländlichkeit - ein für uns ungewohnter Begriff. Und der Sachverhalt, den er zum Inhalt hat, ist in Deutschland schwer zu fassen und zu verstehen. Er hat mit ländlicher Idylle nichts zu tun. Unter dem Begriff versteht man im französischen Kontext die Tatsache, dass Frankreich ein sehr dünn besiedeltes Land ist und dass sich die überwältigende Mehrzahl der fast 36.000 Gemeinden auf dem flachen Land befindet. 35% der französischen Bevölkerung leben in kleinen und kleinsten Gemeinden, die sich auf 90% der Gesamtfläche der Republik verteilen.

Natürlich gibt es auch in Deutschland bevölkerungsarme Gegenden. Von den 260 deutschen Landkreisen haben acht eine Bevölkerungsdichte von weniger als 50 Einwohner pro Quadratkilometer, davon liegen sieben im Osten und einer, nämlich Lüchow-Dannenberg (40 E/km²), im Westen an der ehemaligen Zonengrenze. Zum Vergleich Frankreich: Von den knapp über 100 Departements weisen 25, also ein Viertel, eine Einwohnerdichte von weniger als 50 E/km² auf. Abgesehen vom Überseedepartement Französisch Guyana (3,1 E/km²) hält das Departement Lozère mit 15 E/km² im Zentralmassiv den Rekord.

Um noch einmal das Spezifische der *ruralité française* zu verdeutlichen, hier ein Beispiel aus der Region, die mir seit 50 Jahren zur zweiten Heimat geworden ist: die Gegend um die Stadt Autun im Departement Saône-et-Loire in Burgund. Die Einwohnerzahl der Stadt selbst ist von 20.000 im Jahr 1968 auf 14.000 im Jahr 2018 zurückgegangen. Seit ein paar Jahren gibt es den Verbund *Grand Autunois Morvan*, in dem sich 55 Gemeinden zusammengeschlossen haben. Von diesen Gemeinden zählen eine mehr als 2.000, drei mehr als 1.000, sieben weniger als 100 Einwohner. Dem Bürgermeister der kleinsten Gemeinde obliegt gerade mal die Verwaltung von 38 Personen, sich selbst eingeschlossen. Insgesamt kommen die 55 Gemeinden auf 36.000 Einwohner, was eine durchschnittliche Größe von 660 Einwohnern pro Gemeinde ergibt.

Autun ist auch Mitglied der Vereinigung *Association des petites villes de France* („Vereinigung der französischen Kleinstädte"). In ihr sind 1.200 kleine Städte mit 2.500 - 25.000 Einwohnern zusammengeschlossen. Einige befinden sich in der Peripherie der Großstädte, aber die meisten in der Provinz, wo sie eine wichtige Mittelpunktsfunktion inne haben. Aber ihre Probleme ähneln sich: verödete Innenstädte aufgrund der Supermärkte am Stadtrand, zunehmende Schließung von Ämtern, Versorgungseinrichtungen und Krankenhäusern, schlechte Verkehrsverbindungen zur nächsten Großstadt und nach Paris, wenig Industrieansiedlung und deshalb wenige Arbeitsplätze.

In Deutschland können wir uns nur annähernd vorstellen, unter welchen Bedingungen sich das Leben in den entlegenen Gebieten der französischen Provinz abspielt. In den Dörfern, die nur selten mehr als ein paar Hundert Einwohner haben, gibt es seit langem keine Bäckerei, keine Metzgerei und kein Lebensmittelgeschäft mehr, von Schule, Post, Bahnhof oder Tankstelle ganz zu schweigen. Die Jungen wandern ab, oft bleiben nur die Älteren und Alten, deren einziger täglicher Kontakt in vielen Fällen der Besuch des Postboten ist. Mit etwas Glück fährt einmal in der Woche der Lieferwagen eines Lebensmittelhändlers vor, der sie mit dem Nötigsten versorgt.

Selbst wo früher noch die Eisenbahn eine Verbindung zum nächsten größeren Ort ermöglicht hat, sind heute diese wenig Gewinn bringenden Strecken schon längst stillgelegt. Das Geld wurde in die prestigeträchtigen Hochgeschwindigkeitsstrecken (TGV) gesteckt, die fast alle großen Städte des Landes mit Paris verbinden. Dadurch ist das Gefälle zwischen (Groß-)Stadt und Land nur noch größer geworden.

Arbeitsplätze sind auf dem dünn besiedelten Land natürlich Mangelware. Wenn vorhanden, liegen sie meist weit vom Wohnort entfernt. Aufgrund der mangelhaften Infrastruktur müssen die meisten Fahrten mit dem Privatauto zurückgelegt werden, Busverbindungen existieren nur selten. Und wenn sie existieren, dienen sie in den meisten Fällen dem Schülertransport.

Trotz rückläufiger Zahl beschäftigt die Landwirtschaft immerhin noch fast 900.000 Personen. Dabei erfordert sie (vor allem, wenn Viehzucht betrieben wird) einen täglichen fast Rund-um-die-Uhr-Einsatz und es muss nicht besonders betont werden, dass diese Arbeit wenig Platz für Freizeit oder gar Urlaub lässt.

Aber nicht nur für die in der Landwirtschaft Tätigen ist das Leben in diesen dünn besiedelten Gebieten wenig abwechslungsreich. Kulturelle Angebote gibt es so gut wie nicht, die wenigsten ländlichen Gemeinden verfügen noch über ein Café, das als Treffpunkt dienen könnte. Zwar verläuft das Leben etwas gemächlicher als in den großen Städten und vor allem in der permanenten Hetze der Hauptstadt Paris, aber dennoch ist es kein Zuckerschlecken. Wer Arbeit hat (die Arbeitslosen-Quote liegt auf dem Land im Allgemeinen höher als in der Stadt) muss morgens früh raus und kommt abends spät nach Hause. Zeit bleibt dann eigentlich nur noch für Fernsehen oder Internet.

Besonders monoton ist das Leben auf dem Land für die Kinder und Jugendlichen. Die Jüngeren werden mit dem Bus in die nächstgelegene Grundschule gebracht und kommen erst spät abends (mit Hausaufgaben) wieder nach Hause. Die Älteren haben zum *collège* oder zum *lycée* noch einen weiteren Weg, sofern sie nicht die Woche über im Internat verbringen. Und wenn sie dann am Wochenende zur Familie zurückkehren, sind die Freizeitmöglichkeiten auch sehr begrenzt.

Fernsehen, Internet und soziale Netzwerke öffnen jedoch den Blick in die weite Welt, und der richtet sich - wie das in einem zentralistischen Land nicht verwundert - nach Paris, Stadt des Reichtums, der Kultur, des Konsums, des Luxus, des Vergnügens und der tausend Möglichkeiten. Das muss frustrierend wirken auf die ländliche Bevölkerung, die sich von all dem ausgeschlossen fühlt. Man fühlt sich als Franzosen zweiter oder gar dritter Klasse und empfindet das Prinzip der Gleichheit in der Devise der Republik *liberté, égalité, fraternité* als bloßen Hohn.

Da nicht nur die Kluft zwischen Paris und Provinz, zwischen (Groß-)Stadt und Land sich ständig vergrößert, sondern auch die Schere zwischen Arm und Reich sich immer weiter öffnet, besteht die Gefahr, dass sich die Unzufriedenheit der Benachteiligten ein Ventil sucht. Vor allem dann, wenn viele Faktoren zusammenkommen und zu einem Gemisch führen, das sich bei der geringsten Kleinigkeit entzünden kann.

Ende November 2018 war ein solcher Augenblick gekommen. Den Funken überspringen ließ die Absicht der Regierung, die Steuern auf Benzin- und Diesel-Kraftstoff zu erhöhen. Da besonders die Bewohner ländlicher Gegenden mangels guter Bahn- oder Busverbindungen auf die Benutzung ihres Privatfahrzeugs angewiesen sind, rief diese Ankündigung bei ihnen ein starkes Missfallen hervor.

Aufgestaut hatte sich diese Unzufriedenheit schon seit dem 1. Juli desselben Jahres. Zu diesem Zeitpunkt trat nämlich die Geschwindigkeitsbeschränkung auf allen Straßen mit nur einer Richtungsfahrbahn in Kraft. Betroffen sind vor allem die Straßen im ländlichen Bereich, da diese äußerst selten mehrspurig ausgebaut sind. Es ist deshalb kein Zufall, dass die Protestbewegung der *gilets jaunes,* der Gelbwesten, vornehmlich die unzähligen Kreisverkehre besetzt und als erste Forderung die Rücknahme der Steuererhöhung auf Kraftstoffe gefordert hat. Der Zorn der sich benachteiligt fühlenden Autofahrer entlud sich zudem in der Zerstörung von Hunderten von Kameras, die an den Straßenrändern die Geschwindigkeit der Fahrzeuge kontrollieren.

In einem präsidialen System konzentriert sich der Protest natürlich auf die Person an der Spitze des Staates. Hinzu kommt, dass Präsident Macron vor allem wegen der Abschaffung der Vermögenssteuer ISF als Präsident der Reichen galt und seine Beliebtheit bei seinen Landsleuten auf einen Tiefpunkt abgestürzt war. Und da im zentralistischen Frankreich nur das ins öffentliche Bewusstsein dringt, was in Paris geschieht, haben die *gilets jaunes* an den Samstagen im Dezember ihre Proteste nach Paris getragen.

Dabei kam es zu heftigen Zusammenstößen zwischen den Protestierenden und der Polizei. Es wurden Barrikaden errichtet, Geschäfte und Restaurants auf den *Champs-Elysées* zerstört und der Triumphbogen mit Parolen beschmiert. Dabei hat die Beschädigung einer Büste der Marianne, Symbol der Republik, viele Franzosen fast noch mehr schockiert als die Zerstörungswut einiger weniger Gelbwesten. Denn dass bei den Protesten nicht nur Porzellan zerschlagen wird, nimmt man in Frankreich eingedenk der revolutionären Tradition billigend in Kauf.

Zusammenfassend ist zu sagen, dass viele Franzosen - nicht nur in den ländlichen Gebieten - die Steuerlast, eine der höchsten in Europa hauptsächlich wegen der enormen Sozialabgaben, als erdrückend empfinden. Deshalb haben viele große Mühe, mit dem ihnen zur Verfügung stehenden Geld bis zum Monatsende auszukommen. Dass die Öko-Steuer - wie von der Regierung beabsichtigt - bei der Kraftstoff-Erhöhung dem Klima zugute kommen soll, ist ein Argument, das bei ihnen nicht verfängt. Die finanziellen Probleme am Monatsende liegen ihnen allemal näher als die Klimaprobleme, die zum Ende der Welt führen können.

DAS ELSASS

Seit jeher gab es in Frankreich Gegenbestrebungen zum Zentralismus. Gestalt angenommen haben diese in Form einer Dezentralisierung bzw. Regionalisierung, die schon 1969 vom damaligen Staatspräsidenten de Gaulle eingeleitet wurde. 1982 hat man Regionen geschaffen, die sich an den historischen Provinzen des *ancien régimes*, also der vorrevolutionären Zeit, ausrichteten. Die flächenmäßig kleinste Region, gebildet aus den beiden Departements *Haut-Rhin* und *Bas-Rhin*, war dabei das Elsass.

Wegen der Unterschiedlichkeit in Bezug auf Fläche und Bevölkerungszahl sowie der zu großen Anzahl hat man Anfang 2016 die ursprünglich 27 Regionen auf 18 reduziert. Von diesen befinden sich 13 in Europa (12 auf dem Festland plus Korsika) und fünf in Übersee, die jeweils nur aus einem Departement bestehen (Französisch Guyana, Guadeloupe, Martinique, Mayotte und La Réunion). Das Elsass ist zusammen mit Lothringen und Champagne-Ardenne in der neuen Region *Grand Est* (Großer Osten) aufgegangen.

Nicht wenige Elsässer sind mit der Neuordnung unzufrieden, da sie befürchten, dass ihre Identität dabei verloren gehen könnte. Im Laufe der Geschichte hat sich nämlich in dieser Grenzregion, die häufig Zankapfel zwischen Frankreich und Deutschland war, eine besondere Identität herausgebildet. Diese unterscheidet sich in mancherlei Beziehung von derjenigen der restlichen Franzosen, die von den Elsässern gerne als *les Français de l'intérieur*, als die Inner-Franzosen bezeichnet werden.

Geprägt ist das Elsass vom fruchtbaren Einfluss zweier großer Kulturkreise, des germanisch-deutschen und des romanisch-französischen. Bis ins 17. Jahrhundert war es in die deutsche Geschichte und Kultur einbezogen. Im Rahmen seiner Reunionspolitik verleibte sich Frankreich das Elsass ein und Ludwig XIV. schloss diese Politik mit der Eroberung von Straßburg 1681 ab.

Das Elsass spielte jedoch noch lange Zeit eine Sonderrolle im französischen Königreich und blieb kulturell deutsch geprägt. Es herrschte auch im Gegensatz zum übrigen Frankreich eine Toleranz gegenüber den Protestanten, da die Aufhebung des Edikts von Nantes 1685 im Elsass nie in Kraft gesetzt wurde. (Heute sind 20% der Elsässer protestantisch, ein Drittel aller französischen Protestanten.) Die Elsässer sprachen weiterhin ihren alemannischen bzw. fränkischen Dialekt.

Die Revolutionszeit, in der die überkommenen Sonderrechte abgeschafft wurden, war geprägt durch die sich weiterentwickelnde Integration in den französischen Nationalstaat. Durch die Identifikationsfigur Napoleon, dessen Armeen dem Elsass 70 Generäle geschenkt hat, nahm man zum ersten Mal aktiv an der französischen Geschichte teil. Der Korse schätzte vor allem den Kampfesmut der Elsässer. Dem Einwand, dass diese - entgegen der Maßgabe der Revolutionäre - immer noch ihren Dialekt sprächen, begegnete er folgendermaßen: *Laissez-les parler leur langue pourvu qu'ils sabrent à la française* (Lasst sie doch ihre Sprache sprechen, solange sie den Säbel französisch führen.).

Zu dieser Zeit (1801) wurde auch das Konkordat mit dem Heiligen Stuhl unterzeichnet, das heute noch Gültigkeit besitzt. Aus diesem Grund ist im Elsass (und im lothringischen Departement *Moselle*) Religion wie in Deutschland ein ordentliches Schulfach und die katholischen, lutherischen, reformierten und israelitischen Geistlichen werden vom Staat entlohnt.

Nach der Niederlage im Preußisch-französischen Krieg (1871) musste Frankreich das Elsass und den nördlichen Teil Lothringens an das Deutsche Reich abtreten. Das Reichsland Elsass-Lothringen erhielt 1911 eine Verfassung, die ihm eine relativ große Selbstständigkeit verlieh. Die in Frankreich 1905 erfolgte strikte Trennung von Kirche und Staat betraf das Reichsland natürlich nicht und wurde auch zur französischen Zeit nach dem Ersten Weltkrieg nicht durchgeführt.

Nach 1918 wechselte das Elsass noch dreimal die Nationalität: von 1918 - 1940 war es französisch, von 1940 - 1944 von der deutschen Wehrmacht besetzt und 1945 dann wieder französisch. Jedes Mal erschien es als selbstverständlich, dass die jeweils neuen Herren auf dem Gebrauch ihrer Sprache bestanden. Alte deutsche Ortsnamen wurden französisiert, danach wieder zurückverwandelt und schließlich wieder französisiert (z.B. Oberehnheim - Obernai, Schlettstadt - Sélestat, Weißenburg - Wissembourg).

Welche Probleme der ständige Wechsel u.a. mit sich brachte, mag folgende Anekdote veranschaulichen: Nachdem 1870 deutsche Truppen das Elsass eroberten, empfahl man Herrn Lagarde, sich künftig besser Herr Wache zu nennen. Das sei einfacher auszusprechen und verhindere Vorurteile. Später, als das Elsass wieder zu Frankreich zurückkehrte, scherten sich die Franzosen einen Dreck um die korrekte Aussprache und aus Herrn Wache wurde Monsieur Vache.

Doch die Deutschen kamen zurück und übersetzen erneut übereifrig und pflichtbewusst im Zuge der nächsten Zwangsgermanisierung wörtlich: Monsieur Vache hieß fortan entsprechend Herr Kuh. Erst als das Stück Land nach dem Zweiten Weltkrieg endgültig Frankreich zugeschrieben wurde, wehrten sich die Nachfahren der vormaligen Familie Lagarde entschieden gegen eine französische Aussprache ihres Namens. Aus dem freundlichen Herrn Kuh wäre nämlich kurzerhand Monsier Cul geworden, was auf Französisch nichts Geringeres zum Ausdruck gebracht hätte als eine vulgäre Umschreibung des Hinterns.

Wie sehr die beiden Kulturen miteinander verwoben sind, zeigt auch die elsässische Küche, die ihre deutsche Herkunft nicht verleugnet. Man kann sie als eine geglückte Synthese alemannischer Heftigkeit und französischer Raffinesse bezeichnen. Oder, wie es der elsässische Karikaturist und Autor Tomi Ungerer ausgedrückt hat: „französische Qualität und deutsche Portionen".

Die bekannteste Spezialität ist dabei das Elsässer Sauerkraut, *la choucroute garnie.* Die Bezeichnung wird im Allgemeinen abgeleitet von dem alemannischen Wort *Sürkrüt*, kann aber auch als Verbindung des französischen Begriffs für Kraut, nämlich *chou,* mit seiner alemannischen Entsprechung gesehen werden. Anders als in der deutschen Küche wird das Sauerkraut nicht als Beilage (z.B. zu Bratwurst) serviert, sondern bildet die Unterlage für die „Garnitur": verschiedene Würstchen, gepökeltes Fleisch und Kartoffeln. Es ähnelt damit eher der uns bekannten Schlachtplatte.

Der deutsche Einfluss wird vor allem augenfällig, wenn man sich das Angebot der Bäckereien und Metzgereien ansieht. Hier findet man deutsche und französische Spezialitäten einträchtig vereint. Die Bäckereien halten neben

Weißbrot auch dunkles Brot sowie Brezeln feil. Inzwischen ist das Laugengebäck sogar zum Logo der Region aufgestiegen.

In der Vorweihnachtszeit werden alte deutsche Traditionen lebendig: Weihnachtsmärkte überall (der Straßburger ist der bedeutendste und bekannteste in Frankreich) und dazu das uns bekannte Weihnachtsgebäck, das im Elsass *Bredala* oder *Bredele* heißt. Der erste Weihnachtsbaum der Geschichte soll aus Sélestat (Schlettstadt) stammen, wo ihm jedes Jahr zur Adventszeit eine Ausstellung gewidmet wird.

Wir halten also fest: das Elsass ist etwas anders als das restliche Frankreich. Was in diesem Büchlein über den französischen Zentralstaat gesagt wird, muss deshalb in Bezug auf diese Grenzregion manchmal ein wenig eingeschränkt werden. Dies gilt in erster Linie in Bezug auf die Aussagen zur Beziehung zwischen Kirche und Staat. So werden beispielsweise (anders als im restlichen Frankreich) die Bischöfe von Metz und Straßburg vom Staatspräsidenten ernannt. Die diesbezügliche Sonderstellung beschert dem Elsass (und dem Departement *Moselle*) auch zwei zusätzliche Feiertage: den 2. Weihnachtsfeiertag und den Karfreitag.

Auch im Lokalrecht gibt es noch einige Bestimmungen, die auf das Kaiserreich zurückgehen und sich von der französischen Gesetzgebung unterscheiden. Sie betreffen z.B. das Vereinsrecht, das Arbeitsrecht, die Jagd und die Gewerbeordnung. Im Kommunalrecht genießen die Gemeinden des Elsass und des Departements *Moselle* mehr Freizügigkeit als im übrigen Frankreich.

Einen Unterschied der ganz praktischen Art kann jeder feststellen, der das Elsass mit der Bahn bereist. Wie in

Deutschland - und anders als in Frankreich - fahren hier die Züge rechts. Die erste Eisenbahnverbindung von Basel nach Straßburg (mit 140 Kilometern damals die längste in Europa) wurde 1841 eingeweiht. Für die Züge hat man, wie es bereits auf der Straße der Fall war, Rechtsverkehr vorgesehen. Bei den anderen französischen Eisenbahngesellschaften hat sich dann aber der Linksverkehr durchgesetzt, da sich das Kapital dieser Gesellschaften teilweise in englischer Hand befand.

Als dann der großzügige Ausbau der Eisenbahnnetze Ende des 19. Jahrhunderts erfolgte, stand Elsass-Lothringen unter deutscher Verwaltung und in Deutschland verkehrten die Züge weiterhin rechts. Eine Umstellung nach dem Ersten Weltkrieg wäre zu kostspielig gewesen, so dass man an diesem Zustand nichts geändert hat. Es gibt deshalb bei dem Übergang auf den französischen Linksverkehr einen *saut de mouton,* einen sogenannten Hammelsprung, wo die Züge das Gleis wechseln.

Zum Abschluss dieses Kapitels noch ein kurzer Blick auf die sprachliche Situation im Elsass. Französisch ist (Artikel 2 der Verfassung) die einzige Amtssprache der Republik. Eine offizielle Zweisprachigkeit wie beispielsweise in den italienischen Regionen Südtirol (Deutsch neben Italienisch) oder Aostatal (Französisch neben Italienisch) gibt es nicht. Die „Europäische Charta der Regional- oder Minderheitssprachen" zum Schutz des kulturellen Erbes ist von Frankreich zwar unterzeichnet, aber nicht ratifiziert und somit nicht in Kraft.

Zwar sprechen noch viele, vor allem ältere Elsässer, ihren Dialekt und auf Straßen- bzw. Ortsschildern findet man sozusagen als folkloristisches Bonbon die Bezeichnung auch auf Elsässisch. Die Deutschkenntnisse der jüngeren Generation gehen jedoch deutlich zurück ebenso wie die Teilnahme am Deutschunterricht in den Schulen.

Wer sich bezüglich dieser Thematik kundig machen will, sei auf den Artikel des Straßburger Germanisten Claude Otto (siehe Literaturverzeichnis) hingewiesen, aus dem ich folgenden Abschnitt zitierten möchte:

Laut einer 2012 durchgeführten Umfrage verstehen im Elsass nur noch 43% der Bevölkerung den einheimischen Dialekt, wohl als Folge der Französisierung eines nicht unerheblichen Teils der alteingesessenen Bevölkerung und der großen Anzahl von Zugewanderten. Es gibt ein Nord-Süd-Gefälle, im Norden der Gegend gibt es mehr Dialektophone als im Süden. Das Alter spielt auch eine sehr wichtige Rolle: Während in der Gruppe von 60 Jahren und mehr der Anteil bei 74 % liegt, fällt er beim Alter zwischen 18 und 28 Jahren auf 12 % und zwischen drei und 17 Jahren auf nur 3%. Deutsch ist für die heutige Jugend meist zu einer wirklichen Fremdsprache geworden.

ÜBERSEEISCHE GEBIETE

Frankreich - das bedeutet für die meisten das „Sechseck“ (*l’Hexagone*) zwischen Atlantik, Pyrenäen, Alpen, Rhein, nördlicher Grenze und Ärmelkanal einschließlich der Insel Korsika. Wer denkt schon daran, dass die Französische Republik Gebiete ihr Eigen nennt, die auf dem halben Globus verstreut sind? Fast drei Millionen Franzosen leben verstreut auf einer Fläche von über 120.000 km², das ist eine Fläche so groß wie die drei Bundesländer Baden-Württemberg, Bayern und Thüringen zusammen. Bezogen auf Gesamt-Frankreich machen die überseeischen Gebiete 18 % der Fläche und 4 % der Bevölkerung aus.

Diese Gebiete sind das Erbe der französischen Kolonialreiche. Nach der Entdeckung Kanadas durch Jacques Cartier im Jahr 1534 dehnte sich Neu-Frankreich (*La Nouvelle France*) im 17. und 18. Jahrhundert fast über die Hälfte des nordamerikanischen Kontinents aus. Außerdem umfasste dieses Reich fast alle Karibik-Inseln außer Kuba. Eine Niederlage im Kampf gegen die Engländer im Siebenjährigen Krieg bei Quebec, Verkäufe von Napoleon und der Fall des Ersten Kaiserreiches ließen den nordamerikanischen Besitz bis auf die Ostkanada vorgelagerte Insel Saint-Pierre-et-Miquelon schrumpfen (6000 Einwohner). Dazu kamen noch einige wenige Karibik-Inseln, Französisch-Guyana, fünf Handelskontore in Indien sowie die Insel La Réunion im Indischen Ozean.

Unter Napoleon III. (1808-1874) entstand dann ein Zweites Kolonialreich, das sich über fast den gesamten Osten Afrikas erstreckte und auch Indochina, Madagaskar und Neu-Kaledonien einschloss. Nach dem Ersten Weltkrieg gelangten auch Syrien und der Libanon als Mandatsgebiete des Völkerbundes unter französische Vorherrschaft. Nebenbei beherrschte Frankreich große Teile der Inselwelt des Indischen Ozeans und Ozeaniens.

Nach 1945 zerfiel das Kolonialreich rasch, wobei sich der Auflösungsprozess in den 1950er Jahren beschleunigte. Allein 1960 wurden 16 afrikanische Kolonien unabhängig. Schmerzhaft war vor allem der Verlust von Französisch-Indochina durch die Niederlage von Dien Bien Puh 1954. Letztendlich führte der weiterhin schwelende Konflikt zum Vietnam-Krieg (1955 - 1975).

Noch tiefere Wunden hat der Unabhängigkeitskrieg von Algerien hinterlassen. Der Krieg endete im März 1962 durch die Verträge von Évian mit einer Verhandlungslösung, welche die Unabhängigkeit Algeriens unter Führung der *FLN* (*Front de Libération Nationale*) zur Folge hatte. Menschenrechtsverletzungen inklusive Folter und der misslungene Putschversuch der *OAS (Organisation de l'arme secrète*) belasten noch heute das kollektive Gedächtnis Frankreichs.

Der Verlust von Algerien hat eine Flüchtlingsbewegung hervorgerufen, die mit der in Deutschland nach dem Zweiten Weltkrieg vergleichbar ist. Fast anderthalb Millionen Algerienfranzosen (*Pieds-Noirs* - „Schwarzfüßler") mussten ihr Geburtsland verlassen, darunter auch der Literatur-Nobelpreisträger Albert Camus. Die in der Kolonie Algerien mit Privilegien ausgestatteten Franzosen waren gezwungen, ins Mutterland umzusiedeln. Die meisten von ihnen lebten seit Generationen in Nordafrika - Frankreich war ihnen völlig unbekannt und nahm die Flüchtlinge auch nur sehr unwillig auf.

Außerdem mussten noch fast 50.000 *Harkis,* d.h. algerische Gehilfen der französischen Kolonialarmee, in Frankreich Zuflucht suchen. Die ehemaligen Kämpfer und ihre Familien wurden zumeist in Militärlagern und ehemaligen Internierungslagern aus der Vichy-Zeit untergebracht. Es dauerte bis in die 1970er Jahre, bis die letzten Flüchtlinge aus den Lagern in normale Wohnungen umgesiedelt wurden. Die Mehrheit, die zumeist aus der Schicht der analphabetischen Landbevölkerung stammte, lebte in Frankreich ein Leben in sozialer Segregation. Erst 2016 gestand Präsident François Hollande „die Verantwortung des französischen Staates“ für die Massaker an den *Harkis* ein, ebenso „die inhumanen Aufnahmebedingungen“.

Die Reste des ehemals enormen französischen Kolonialreiches, weisen einen unterschiedlichen Status auf. Die *Départements* und *Régions d'outre-mer* haben denselben Status wie die Regionen und Départements des französischen Festlandes. Dies ist im Artikel 73 der französischen Verfassung festgelegt.

Sie gehören zur Europäischen Union, sind jedoch kein Schengen-Gebiet; sie haben den Euro als Währung. Es handelt sich dabei um die beiden Karibikinseln Guadeloupe und Martinique, Französisch-Guyana (größtes französische Departement: so groß wie Bayern und Thüringen zusammen), La Réunion und seit Kurzem auch die Insel Mayotte (kleinstes Überseedepartement) im Indischen Ozean.

Die Nordatlantik-Insel Saint-Pierre-et-Miquelon ist ebenfalls Teil der Europäischen Union. Auf den kleinen Karibik-Inseln Saint-Barthélemy und Saint-Martin sowie in Wallis-et-Futuna und in Französisch Polynesien gilt der Euro als Zahlungsmittel, obwohl diese Gebiete nicht Bestandteil der Europäischen Union sind. Auf den restlichen Überseegebiete bezahlt man mit Francs (*CFP-Francs: Francs des colonies Françaises du Pacifique*).

Trotz der riesigen Entfernungen zum „Mutterland“ fühlen sich die Bewohner der Überseegebiete mehrheitlich als vollwertige Bürger der französischen Republik. Einzig in Neukaledonien gibt es eine nennenswerte Unabhängigkeitsbewegung. In einer Volksabstimmung im November 2018 lehnten jedoch 57% der Bevölkerung die Unabhängigkeit von Frankreich ab. Die 43%, die für eine Loslösung stimmten, decken sich ziemlich genau mit dem Bevölkerungsanteil der *Kanaken* (melanesische Bezeichnung für „Mensch“), der Ureinwohner von Neukaledonien.

Der Lebensstandard in den französischen Überseegebieten liegt deutlich über dem der sie umgebenden staatlichen Einheiten, aber beträchtlich unter dem des „Mutterlandes". Mit diesem wird über die Hälfte des Handels abgewickelt. Da die importierten Güter einen langen Transportweg hinter sich haben, bewegen sich die Preise spürbar über denen in Kontinental-Frankreich, bei Benzin sogar über 35%. Der Lohn liegt um 10% unter dem nationalen Durchschnitt (ausgenommen die Bezüge der abgeordneten Beamten), die Arbeitslosigkeit um ein Drittel darüber. Deshalb hat vor allem bei der Jugend eine große Abwanderungsbewegung in Richtung „Mutterland" eingesetzt.

Natürlich haben diese überseeischen Gebiete für die ehemalige Weltmacht und aktuelle Veto-Macht im UN-Sicherheitsrat auch eine strategische Bedeutung, die sich die Republik Frankreich auch aus Prestigegründen einiges kosten lässt. So diente z.B. das zu Französisch-Polynesien gehörende Mururoa-Atoll von 1966 bis 1996 als Testgelände für die französischen Kernwaffen. Im Jahr 2000 zogen die Franzosen von dem Atoll ab. Bis heute ist Mururoa ein Sperrgebiet. In rund 140 Bohrschächten lagern dort große Mengen radioaktiven Abfalls.

In der Bevölkerung unseres Nachbarlandes hat die Vergangenheit als Kolonialreich natürlich auch ihre Spuren hinterlassen. Viele Bewohner der heute selbstständigen Kolonien aus Schwarz-Afrika und den Maghreb-Staaten Algerien, Marokko und Tunesien sind in das ehemalige Mutterland ausgewandert, mit dem sie sich durch die gemeinsame Sprache verbunden fühlen. Die offizielle Statistik weist für das Jahr 2014 über eine Million Immigranten aus den Maghreb-Staaten aus und fast eine halbe Million aus den Ländern Schwarz-Afrikas. Dazu kommen die in Frankreich geborenen Kinder dieser Einwanderer, die mit der Geburt die französische Staatsangehörigkeit erlangen.

Nicht selten leben diese multi-ethnischen Gruppen am Rande der großen Städte und besonders in den Ballungszentren um Paris. Dort ist die Arbeitslosigkeit groß, da vor allem die jugendlichen Bewohner aufgrund ihrer zumeist unzureichenden Bildung nur geringe Berufsaussichten haben. Diese Situation birgt natürlich einen ungeheuren sozialen Zündstoff in sich, der sich verschiedentlich schon in blutigen Unruhen entladen hat.

Kurzzeitig überdeckt wurde diese Problematik 1998, als eine - was die Herkunft der Spieler anbelangt - bunt gemischte Fußball-Nationalmannschaft zum ersten Mal Weltmeister wurde. *Black, blanc, beur* (schwarz, weiß und arabischer Herkunft, *beur* ist die *verlan*-Form von *arabe*) in Anspielung auf die Nationalfarben *bleu, blanc, rouge* (blau, weiß, rot) war dabei die griffige Formel für die scheinbare Harmonie zwischen den Franzosen unterschiedlicher Herkunft. Auch das Team des Weltmeisters von 2018 ließe sich mit diesem Attribut belegen. Trotz allem ist das Problem des Rassismus noch weit von einer Lösung entfernt.

LA RÉPUBLIQUE

Kaum ein anderer institutioneller Begriff ruft bei den Franzosen so viel positive Resonanz hervor wie derjenige der Republik. Sobald er mit einem anderen in Verbindung gebracht wird, verleiht er diesem Ansehen und Prestige: *les élus de la République, l'école de la République, les lois de la République, les institutions de la République, le président de la République* (die gewählten Vertreter, die Schule, die Gesetze, die Institutionen, der Präsident der Republik). Allein die Erwähnung dieses Begriffes bringt bei unseren Nachbarn eine Saite zum Klingen, die ihnen bewusst macht, dass sie Teil eines nationalen Ganzen sind. *La République* ist unverzichtbarer Bestandteil der französischen Identität.

In Deutschland weist die Tradition der Republik gerade mal 100 Jahre auf, von denen dann auch noch die 1000 Jahre des Dritten Reiches abzuziehen sind. Außerdem verbinden wir mit der ersten deutschen Republik, nämlich der Weimarer Republik, nicht nur gute Erinnerungen. Sie musste u.a. mit den Folgen der Niederlage im Ersten Weltkrieg, einer Hyperinflation, zahlreichen Umsturzversuchen und den Anfeindungen der Anti-Demokraten fertig werden. Der Aufstieg der Nationalsozialisten leitete schließlich ihren Untergang ein.

Auch die Gründung der Bundesrepublik war eine Folge einer Kriegsniederlage, nämlich der bedingungslose Kapitulation im Zweiten Weltkrieg. Die Neuorganisation des Staates ging auf die Initiative der Westalliierten zurück und führte zu einer auf föderalen Traditionen beruhenden Republik, der Bundesrepublik Deutschland. Es entstand eine parlamentarische Demokratie, bei der die Macht auf verschiedene Zentren verteilt ist (Bundeskanzler, Ministerpräsidenten der Länder) und durch entsprechende

Parlamente kontrolliert wird. Das Verhältniswahlrecht sorgt dafür, dass die politischen Kräfte entsprechend ihrem Gewicht in den Parlamenten vertreten sind. Es schließt eine Ein-Parteien-Regierung auf nationaler Ebene praktisch aus und zwingt so auf fast allen politischen Ebenen zu Absprachen und Kompromissen.

In Frankreich ist die Republik eine Errungenschaft der Revolution. Die I. Republik dauerte von 1792 bis 1804 und wurde dann vom Ersten Kaiserreich und der Restauration abgelöst. Auch die II. Republik war nicht langlebig: sie begann 1848 und endete schon 1852, gefolgt vom Zweiten Kaiserreich. Richtig ins Bewusstsein der Franzosen eingedrungen ist erst die III. Republik (1871-1940) durch die vielfältigen Reformen von Jules Ferry, dem Gründer der *école laïque, gratuite et obligatoire* (laizistische, kostenlose und obligatorische Schule). Die IV. Republik (1946-1958) löste nach der Befreiung das Vichy-Regime ab. Sie war durch große politische Instabilität gekennzeichnet und scheiterte schließlich an der Unfähigkeit, den Algerienkonflikt zu lösen.

Seit über 60 Jahren prägen die Institutionen der V. Republik das politische Leben Frankreichs. Ihre Entstehung ist eng mit dem Namen des Generals de Gaulle verbunden, der auch bis 1969 ihr erster Präsident war. Die Verfassung ist stark an den Vorstellungen des Generals orientiert und sieht ein semipräsidentielles Regierungssystem vor mit einem Parlament, das aus zwei Kammern (Nationalversammlung und Senat)) besteht. Die Exekutive teilen sich der (seit 2002) auf fünf Jahre vom Volk mit absoluter Mehrheit gewählte Präsident und der von ihm ernannte Premierminister. Der Staatspräsident verfügt über eine Anzahl von Befugnissen, die in einem demokratischen System ziemlich einmalig sind. Er ernennt nicht nur den Premierminister, sondern auch dessen Regierung und ist Vorsitzender des Ministerrats. Als Oberbefehlshaber der Streitkräfte bestimmt er auch über den Einsatz der französischen Nuklearwaffen. Er hat das Recht, die Nationalversammlung aufzulösen, kann eine Volksabstimmung initiieren und ist für die Außen- und Sicherheitspolitik zuständig. Aufgrund der starken Stellung des Staatspräsidenten wird deshalb die V. Republik auch als „republikanische Monarchie“ bezeichnet.

Da in der Regel nach den Präsidentschaftswahlen auch Parlamentswahlen stattfinden, verfügt der Präsident im Parlament fast immer über eine ausreichende Mehrheit. Nur dreimal in der Geschichte der V. Republik war das nicht der Fall: zweimal unter Präsident Mitterrand (1986 - 1988 sowie 1993 - 1995) und einmal unter Präsident Chirac (1997 - 2002). Während dieser Zeit trat Frankreich auf internationalem Parkett mit den beiden Vertretern der Exekutive auf, dem Präsidenten und dem Premierminister.

Stabile Mehrheiten werden durch das in Frankreich vorherrschende Mehrheitswahlrecht gewährleistet. Es findet seine Anwendung bei den Präsidentschafts- und Parlamentswahlen und in abgemilderter Form auch bei den Kommunalwahlen. Die Ergebnisse, die dieses Wahlrecht hervorbringt, sind einerseits Grund für die Stabilität bzw. Rigidität des Systems, andererseits aber für die Forderung nach seiner Abschaffung bzw. Modifizierung.

Am stärksten zu leiden haben unter diesem Mehrheitswahlrecht in zwei Wahlgängen die Parteien, die beim entscheidenden zweiten Wahlgang keinen Bündnispartner finden und so nie die absolute Mehrheit erreichen. Auf diese Weise konnte die rechtsradikale Partei des *Front National* (heute *Rassemblement National*) jahrzehntelang von der Nationalversammlung ferngehalten werden. Bei der letzten Parlamentswahl erzielte diese Partei frankreichweit 13,2% aller Stimmen, ist jedoch mit nur acht Abgeordneten in der *Assemblée nationale* vertreten. Zum Vergleich das Ergebnis der AfD bei der Bundestagswahl 2017: 12,6%, also etwas weniger als die Partei von Le Pen. Dafür bekam sie aber nach dem Verhältniswahlrecht 94 Sitze im (etwas größeren) deutschen Bundestag.

Die Wahl des Staatspräsidenten findet ebenfalls in zwei Wahlgängen statt, wobei es die Regel ist, dass man beim ersten mit dem Herzen wählt, beim zweiten mit dem Verstand. Beim ersten Wahlgang 2017 trennten Emmanuel Macron und Marine Le Pen noch nicht einmal drei Prozentpunkte (Macron 24,0% - Le Pen 21,3 %). Beide waren also von der absoluten Mehrheit meilenweit entfernt.

Dank des Wahlrechts hat Emmanuel Macron den Sprung über die hohe Hürde geschafft: mit dem Verstand haben 42% der Wähler für ihn gestimmt, dazu kamen dann noch die 24%, die schon 14 Tage vorher mit dem Herzen Macronisten waren. Aber dieser Umstand erklärt auch, warum so viele Franzosen ein Jahr nach der Wahl mit ihrem Präsidenten unzufrieden sind: sie haben ja im Grunde nicht für ihn, sondern gegen Marine Le Pen gestimmt. Und ebenso erklärt diese Tatsache, warum gerade die französische Rechte das Wahlrecht als undemokratisch empfindet: die Partei der Kandidatin, die 36% aller Stimmen geholt hat, ist noch nicht einmal in Fraktionsstärke im Parlament vertreten.

Obwohl bei den Kommunalwahlen ein Mischwahlrecht gilt, geht es auch hier in erster Linie um die Herausbildung stabiler Mehrheiten. Die Liste, die im ersten Wahlgang die absolute oder im zweiten die relative Mehrheit erringt, erhält die Hälfte aller Sitze. Die restlichen 50 Prozent werden dann im Verhältnis der Stimmen zueinander aufgeteilt. Zur Verdeutlichung das konstruierte Beispiel einer Gemeinde mit 30 Gemeinderäten und zwei zur Wahl stehenden Listen. Für die Liste A stimmen 51%, für die Liste B 49% der Wähler. Liste A erhält aufgrund ihrer Mehrheit 15 Sitze, von den restlichen 15 dann noch einmal 8, also insgesamt 23. Die oppositionelle Liste B ist mit nur sieben Sitzen im Gemeinderat vertreten, obwohl sie fast die Hälfte aller Stimmen erhalten hat. Da der Bürgermeister vom Gemeinderat gewählt wird, ist diese Wahl eine reine Formsache. Die Machtposition des Bürgermeisters ist gesichert, er kann „durchregieren“ und alle späteren Entscheidungen des Gemeinderates lassen bei solchen Mehrheitsverhältnissen in der Regel keine Überraschungen mehr zu. Das ist in den deutschen Bundesländern - je nach Kommunalwahlrecht - ganz anders.

So wie die Macht und Autorität des Bürgermeisters unumstößlich ist, kann auch der Staatspräsident von nichts und niemandem belangt werden. Er muss nicht, wie beispielsweise ein deutscher Kanzler, ein Misstrauensvotum befürchten, denn er ist dem Parlament nicht verantwortlich. Während seiner Amtszeit ist er unantastbar. Die Forderungen der *gilets jaunes,* der Gelbwesten, nämlich *Macron démission* (Macron Rücktritt) laufen deshalb auch vollkommen ins Leere. Und nicht nur aus diesem Grund fordern viele Bürger und politische Gruppierungen ein Ende der V. Republik und eine VI. Republik mit deutlich weniger Machtkonzentration.

COUSINS GERMAINS

Im Französischen bedeutet *cousin germain*, wörtlich germanischer Vetter, ganz einfach Cousin, also Sohn eines Bruders oder einer Schwester eines Elternteils. Frankreich und Germanien, in der modernen Form natürlich Deutschland, sind also Verwandte, und zwar recht enge. Zwischen solchen Verwandten gibt es sicherlich Gemeinsamkeiten, aber auch Unterschiede. Aus der Ferne gesehen, z.B. aus fernöstlicher Sicht, überwiegen dabei die Gemeinsamkeiten. Je näher man aber die beiden Vettern betrachtet, desto offensichtlicher erscheinen die Unterschiede. Diejenigen, die mir aufgefallen sind, seien hier in relativ unsystematischer Weise aufgeführt.

Ein erster Unterschied fällt am Zebrastreifen auf. Der deutsche Fußgänger ist es gewohnt, dass ihn der Autofahrer an dieser Stelle die Straße überqueren lässt. Steht man jedoch an einem französischen Zebrastreifen, muss man sich sein Recht zuerst erkämpfen. Es ist unbedingt notwendig, einen Fuß auf die Straße zu setzen, um zu zeigen, dass man sein Recht auch wirklich einfordert. Im Gegenzug ist der französische Autofahrer bereit, auf seine Vorfahrt auch ohne wütendes Gehupe zu verzichten, wenn ein Fußgänger die rote Ampel missachtet. Auch übt man große Nachsicht, wenn in der zweiten Reihe geparkt wird, vor allem, wenn dies vor einer Bäckerei geschieht, wo man sich nur kurz mit dem täglich frischen Weißbrot versorgt.

Auch der Bahnreisende stellt einen Unterschied fest. Gedruckte und überall aushängende Fahrpläne mit Angabe des Gleises gibt es in den Pariser und anderen großen Bahnhöfen nicht. Die abfahrenden und ankommenden Züge werden auf einer über den Köpfen der Reisenden befindlichen Leuchttafel angekündigt. Dabei fehlt zunächst die Angabe des Gleises, so dass sich eine große Gruppe von Wartenden vor diesen Tafeln sammeln. Sobald das Gleis angezeigt wird, stürzen sich alle auf das kleine Gerät am Bahnsteig, in dem die Tickets (sofern sie nicht elektronisch sind) vor Fahrtantritt entwertet werden müssen.

Jeder Frankreich-Reisende geht natürlich auch irgendwann einmal im Restaurant essen. Das ist nicht immer ganz so einfach, wie an anderer Stelle bereits beschrieben. Bestellt man in Deutschland in der Regel zuerst die Getränke, so geschieht das in Frankreich erst dann, wenn man sein Essen gewählt hat, denn das Getränk (im Normalfall der Wein bzw. die Weine) wird auf die Speisen abgestimmt. Allenfalls ordert man vorher einen Aperitif - und das kann auch (vor allem wenn man Durst hat) ein Glas Bier sein. Aber Vorsicht: *une bière*, das ist meistens eine Flasche (25 oder 33 cl), und *un demi (pression)* ist kein halber Liter, sondern nur die Hälfte davon. Wasser begleitet das Essen so gut wie immer: *une carafe* bedeutet dabei kostenloses Leitungswasser, *une bouteille* dagegen Mineralwasser (*gazeuse* oder *non-gazeuse*), das dann auch in Rechnung gestellt wird.

Das Lieblingsgetränk der Deutschen wird der Tourist vergeblich suchen: Schorle ist in Frankreich so gut wie unbekannt. Wein mit Sprudel zu mischen und diese Mischung dann auch noch aus Schoppengläsern (wie in der Pfalz) zu trinken, verbietet dem Franzosen schon seine Hochachtung vor dem Nationalgetränk Wein. Im Restaurant stehen normalerweise zwei Gläser zur Verfügung, eins für Wein und eins für Wasser. Beide zu mischen würde als kulinarischer Frevel empfunden. Wer dagegen auf seine Apfelsaftschorle nicht verzichten will, bestelle sich Sprudel und Saft getrennt und mische sie selbst.

Bei Wein und gutem Essen lassen sich schnell Freundschaften schließen, auch über Länder- und Sprachgrenzen hinweg. Und in diesem Fall ist es uns Deutschen fast eine Verpflichtung, uns anlässlich eines Geburtstags mit guten Wünschen per Anruf oder Postkarte (heute häufiger per SMS oder Mail) in Erinnerung zu rufen. In Frankreich spielen Geburtstage eine eher untergeordnete Rolle, häufig werden sie gar nicht oder zu einem anderen Termin gefeiert. Und für die guten Wünsche zum Jahresanfang hat man den ganzen Monat Januar Zeit.

In diesem Zusammenhang sei ein kleiner Exkurs in den Bereich der sprachlichen Verständigung gestattet. Seit es die zahlreichen Städtepartnerschaften gibt, stehen nicht wenige Franzosen mit Deutschen in Kontakt, auch wenn sie die Sprache des anderen manchmal nur rudimentär beherrschen und deshalb bei der Verständigung auf das Wörterbuch angewiesen sind.

Allerdings führt ein naiver Umgang mit diesem Hilfsmittel dann manchmal zu Formulierungen, die den Empfänger vor ein großes Rätsel stellen. So erreichte mich vor langen Jahren ein Brief, der mit den Formulierungen endete: „ich mache dir einen großen Nordwind“ und „ich wünsche dir ein Dienstmädchen Jahr“. Erst eine wörtliche Rückübersetzung ins Französische brachte die Erklärung: das Substantiv *bise* hat zwei Bedeutungen: neben Küsschen (Wangenkuss) auch noch im meteorologischen und poetischen Sinn Nordwind. Es handelt sich bei der Formulierung also um den traditionellen Briefschluss unter guten Bekannten: *je te fais une grosse bise* (frei übersetzt: Gruß und Kuss). Im zweiten Fall hat der Schreiber nicht unter der männlichen Form des Adjektivs nachgesehen, sondern gleich unter der weiblichen, wie sie ja auch im Ausgangssatz zu finden ist, nämlich *Je te souhaite une bonne année* - „Ich wünsche dir ein gutes (neues) Jahr“. Schließlich hat das unfehlbare Wörterbuch ja die Auskunft gegeben: *une bonne* = „ein Dienstmädchen“.

Wortwörtlichen Übertragungen vom Französischen ins Deutsche begegnet der Frankreichreisende übrigens auf Schritt und Tritt, vor allem in Hotels und Veröffentlichungen von Fremdenverkehrsämtern. Häufig handelt es sich dabei um ein seltsames Kauderwelsch, das teilweise grammatikalisch richtig, insgesamt jedoch meistens unverständlich ist. Dabei wäre es doch so einfach, vor der Veröffentlichung des Textes einen ortsansässigen Deutschen zu bitten, Korrektur zu lesen. Und Vorsicht auch bei Führungen, die in deutscher Sprache angekündigt sind. Ich habe schon herbe Enttäuschungen erlebt!

In diesem Zusammenhang noch ein Beispiel. Vor nicht allzu langer Zeit habe ich im Pariser Ostbahnhof folgenden Hinweis auf dem Bahnsteig gesehen, an dem ein TGV zur Abfahrt bereitstand: „Der Zug an der Front hält nicht in Champagne-Ardenne und Strasbourg“. Da es zwischen Paris und Deutschland Gott sei Dank keine Front mehr gibt, musste der französische Text zur Erklärung herangezogen werden: *La rame située à l'avant du train ne dessert pas les gares de Champagne-Ardenne et Strasbourg*. Und das wäre so zu übersetzen: „Der vordere Zugteil fährt nicht nach Champagne-Ardenne und Straßburg.“

Wer sich längere Zeit in Frankreich aufhält und der Landessprache einigermaßen mächtig ist, verfolgt bestimmt auch die Sendungen in Rundfunk und Fernsehen. Die französischen Radiosender lassen sich schnell daran erkennen, dass sie vor allem französische Musik abspielen, im Gegensatz zu den meisten deutschen Sendern, die überwiegend angloamerikanische Musik im Angebot haben. Die am meisten gehörten Programme werden frankreichweit von *RTL*, *France Inter* und *Europe 1* ausgestrahlt, deren Inhalte und Berichte sich - wie sich das in einem zentralistischen Land gehört - im Wesentlichen auf die Hauptstadt Paris beziehen. In Deutschland dagegen ist die Medienlandschaft regional gegliedert. Die Radiosender mit den meisten Hörern sind Bayern 1, WDR 2 und SWR 3.

Die Hauptnachrichten der wichtigsten privaten und öffentlich-rechtlichen Fernsehanstalten in Frankreich sind ausführlich und beschäftigen sich in allererster Linie mit dem Geschehen im eigenen Land. Die Sender verfügen nur über relativ wenige Auslandskorrespondenten. Es gibt keinen „Nachrichtensprecher“, sondern eine Journalistin bzw. einen Journalisten, deren bzw. dessen Persönlichkeit die Sendung stark mitprägt. Die Nachrichten werden echt inszeniert: der Journalist bzw. die Journalistin bewegt sich im Studio, wechselt ständig die Kamera, empfängt zu bestimmten Themen Kollegen und führt Interviews durch. Grelle Farben und großflächige Hintergrundbilder beanspruchen die Aufmerksamkeit des Zuschauers. Dramatisiert werden die Sendungen zusätzlich durch die bevorzugte Behandlung von Kriminalfällen.

Die Star-Journalisten und Entertainer des Bildschirms sind fast alle auch täglich in den drei großen nationalen Rundfunksendern präsent und genießen einen sehr hohen Bekanntheitsgrad. Einige haben auch noch eine Kolumne in einer der Tageszeitungen, schreiben Bücher und/oder spielen Theater. Eine solche Omnipräsenz in der (medialen) Öffentlichkeit wäre im föderalen Deutschland schwer vorstellbar.

Interessant und aufschlussreich ist es, festzustellen, dass die Geographie- und Geschichtskenntnisse ganzer Generationen nicht unbedingt auf den Unterricht im Fach *histoire-géographie* zurückzuführen sind. Die Welt kennengelernt haben viele Franzosen meiner Generation durch die Comics (im Französischen *bandes dessinées* bzw. *BDs* oder *bédés*) um den kleinen Gallier *Astérix* und die des Belgiers Hergé: *Tintin et Milou* (im Deutschen: „Tim und Struppi"). Anders als in Deutschland, wo man bei dieser Gattung nach dem Zweiten Weltkrieg vor allem an „Micky Maus“, „Tarzan“ oder „Fix und Foxi“ dachte und sie nicht selten als „Schundhefte“ bezeichnete, gehören bei unseren Nachbarn die *bédés* zur angesehenen Literatur.

Es gibt kaum ein Thema, das nicht auch zum Gegenstand einer *bande dessinée* geworden ist. Nicht nur Kinder und Jugendliche gehören zu den eifrigen Lesern, sondern auch viele Erwachsene. Zu den bekanntesten Erfolgen gehören die zahlreichen *Astérix*-Bände, die sich auch in Deutschland sehr gut verkauft haben. Sie sind gewissenhaft recherchiert und vermitteln auf anschauliche Weise Kenntnisse über die Antike. Außerdem stellen die vielen Anspielungen, originellen Namen und witzigen Geschehnisse für den anspruchsvollen Leser ein wahres Vergnügen dar. Man vergleiche nur einmal deutsche und französische Buchhandlungen und Bibliotheken und den Platz, den Comics bzw. *bandes dessinées* dort einnehmen, um sich den Unterschied vor Augen zu führen.

Manchmal werden alte Exemplare von *Bécassine* (Comicfigur aus der Bretagne, erstes Album 1905 erschienen) oder *Tintin* auf den unzähligen Flohmärkten in den ländlichen Gegenden angeboten und von den Sammlern schon in den frühen Morgenstunden aufgekauft. *Vide greniers* heißen diese Märkte (manchmal tragen sie auch andere Namen). Sie finden meistens sonntags in den kleinen Dörfern statt und ziehen in den Sommermonaten auch viele Touristen an.

Bei ihrem Rundgang durch das Dorf werfen die Touristen dann vielleicht auch einen Blick auf den Friedhof. Im Vergleich zu den parkähnlichen und mit Bäumen bestandenen Friedhöfen in Deutschland, deren Gräber oft täglich geschmückt werden, ähnelt der französische Friedhof eher einer Steinwüste. Die Gräber sind meistens mit Platten bedeckt, auf denen ab und zu eine Plastikblume ihr Dasein fristet. Selten bekommen sie Besuch von Angehörigen.

An Allerheiligen jedoch gehört ein Friedhofsbesuch zum Pflichtprogramm jeder Familie. Manchmal ist die Anfahrt recht lang und der Verkehr an diesem Tag dichter als an gewöhnlichen Sonn- bzw. Feiertagen. Damit die obligatorischen Chrysanthemen nicht kilometerweit transportiert werden müssen, breiten die Blumengeschäfte ihr reichhaltiges Angebot direkt vor den Friedhöfen aus. Die bunten Chrysanthemen verwandeln diese an besagtem Tag (und solange sie nicht verwelkt sind) in ein wahres Blumenmeer.

Diese Tradition geht zurück auf eine Aufforderung des damaligen Staatspräsidenten Clemenceau am 11. November 1919, dem ersten Jahrestag des Waffenstillstandes zur Beendigung des Ersten Weltkriegs. Die Angehörigen sollten die Gräber ihrer Gefallenen mit Blumen schmücken. Dabei verlegte sich mit den Jahren der Tag des Friedhofsbesuches auf den 2. November (Allerseelen) und schließlich, aufgrund des arbeitsfreien Feiertages, auf Allerheiligen (1. November).

Wenn Franzosen zum ersten Mal nach Deutschland kommen und durch die Straßen eines Wohnviertels gehen, machen sie vor allem zwei Beobachtungen, die sie verwundern: die großen Einfamilienhäuser mit den kleinen Gärten und die zahlreichen Autos der gehobenen Mittel- bzw. Oberklasse, die davor parken.

Abgesehen von den städtischen Großräumen ist Frankreich sehr ländlich. Die durchschnittliche Bevölkerungsdichte liegt bei 100 Einwohner pro Quadratkilometer, in Deutschland bei rund 250. Deshalb hat man in der Provinz viel Platz, die Grundstückspreise sind moderat und man kann sein Häuschen mit einem großen Garten umgeben. Um das zu finanzieren, spart man oft bei den Ausgaben für das Auto. Für den Durchschnittsfranzosen ist es lediglich ein Mittel der Fortbewegung, und als solches tut es auch ein Kleinwagen oder einer der unteren Mittelklasse. Sehr beliebt sind deshalb die preisgünstigen Autos der Renault-Tochter Dacia. Eine kleine Delle oder ein Kratzer versetzen den Besitzer selten in helle Aufregung und am Samstag hat er meistens etwas Besseres zu tun als seinen Wagen zu waschen.

Autofahrer beider Länder haben übrigens einige Mühe, sich an die Verkehrsregeln im Allgemeinen und an die Geschwindigkeitsbegrenzungen im Besonderen zu halten. In Frankreich ist die Geschwindigkeit auf den Autobahnen generell auf 130 km/h begrenzt und fast alle respektieren diese Begrenzung. Aber die Reduzierung der Geschwindigkeit von 90 km/h auf 80 km/h auf allen anderen Straßen, die nicht zweispurig sind, fordert immer mehr den zivilen Ungehorsam der französischen Automobilisten heraus.

Wer sich jedoch bei einer Geschwindigkeitsübertretung oder bei einem anderen Verkehrsdelikt erwischen lässt, der muss mit einem Punktabzug auf seinem Führerschein-Konto rechnen. Anders als in Deutschland, wo in solchen Fällen Strafpunkte verteilt werden, hat jeder Führerscheininhaber ein „Startkonto“ von 12 Punkten. Bei größeren Abzügen besteht die Gefahr eines zeitweiligen Führerschein-Entzuges. Es scheint erstaunlich, dass noch niemand auf die Idee gekommen ist, einen deutsch-französischen Punkttransfer zu organisieren. In Deutschland „erworbene“ Punkte könnten gegen in Frankreich verlorene Punkte (natürlich gegen ein gewisses Entgelt) getauscht werden!

Eine gebührenpflichtige Verwarnung kann in jedem *bureau de tabac* (staatliches Tabakgeschäft) oder per Kreditkarte bei einer zentralen Stelle beglichen werden. Kreditkarten (Visa, Mastercard) sind in Frankreich die beliebtesten Zahlungsmittel. Banküberweisungen werden nur äußerst selten getätigt. Der gute alte Scheck ist - anders als in Deutschland - dagegen noch längst nicht ausgestorben. Eine Rechnung wird normalerweise mit einem Scheck beglichen (den man oft mit der Post versendet), und auch an der Supermarktkasse wird ab und zu noch das Scheckbuch gezückt.

Zum Abschluss dieses Kapitels, dessen Aufbau weniger durch kartesianische Strenge als durch zufällige Reihung bestimmt wird, noch eine Beobachtung, die mir wichtig erscheint. Obwohl die *égalité,* die Gleichheit, das wichtigste Grundprinzip der Republik ist, spielt das hierarchische Denken in Frankreich eine Rolle wie kaum in einem anderen Land.

Schon in der Schule werden die Heranwachsenden mit Rangfolgen und Klassifizierungen vertraut gemacht. Das breite Notenspektrum von 0 bis 20 Punkten ist dafür auch viel besser geeignet als das deutsche, das bedeutend weniger Abstufungen kennt. Sehr häufig werden Klassenarbeiten in der Reihenfolge der erzielten Noten den Schülern zurückgegeben, damit auch der ganzen Klasse bewusst wird, wer die beste und wer die schlechteste Leistung erbracht hat.

Deshalb fallen auch die Schulzeugnisse wesentlich differenzierter aus, als das in Deutschland der Fall ist. Aufgeführt wird die Fachnote (genau bis auf eine Stelle nach dem Komma), die Durchschnittsnote aller Schüler im betreffenden Fach, sowie die beste und die schlechteste Note in der Klasse. Natürlich wird auch der Rang des Schülers in jedem Fach angegeben. So ist z.B. jemand im Sport der zweitbeste Schüler, nimmt jedoch in Latein den 18. Platz ein. Zusätzlich zu diesen ausführlichen Informationen enthält das Zeugnis auch noch einen Kurzkommentar der Fachlehrer.

Die Klassifizierung und Hierarchisierung findet beim Abitur ihre Fortsetzung. Neben dem „normalen“ Abitur gibt es die beiden

Auszeichnungen *mention bien* und *mention très bien*. In einem System, das möglichst viele Schüler zum Abitur führen will, verleiht deshalb erst eine der beiden Auszeichnungen dieser Prüfung einen gesteigerten Wert.

Auf die Spitze getrieben wird dieses Bedürfnis nach Erstellung einer Rangfolge bei den in Frankreich beliebten und sehr häufigen Prüfungen nach dem *concours*-Prinzip. Es handelt sich dabei um ein Auswahlverfahren, bei dem so viele Kandidaten bestehen wie es freie Plätze gibt. Der prestigeträchtigste *concours* ist der der *Ecole Nationale de l'Administration (ENA)*, der jedes Jahr den geistigen Adel der Republik hervorbringt. Je besser man hier abschneidet, desto größer sind die Chancen, eine gut dotierte Stelle in Verwaltung oder Industrie zu beanspruchen.

Außerdem entsteht so ein elitärer und in sich geschlossener Kreis, dem fast alle Staatspräsidenten (außer Sarkozy), Spitzenpolitiker und Industriekapitäne angehören. Als Beispiel sei hier die *Promotion Voltaire* genannt. Von 117 Absolventen nimmt der Ex-Präsident Hollande den achten Platz ein, Ségolène Royal, die Mutter seiner Kinder, belegt den Platz 64, der ehemalige konservative Premierminister Dominique de Villepin schließt auf Platz 25 ab und Michel Sapin, sozialistischer Wirtschafts- und Finanzminister unter Hollande, auf Platz 31.

Das Bedürfnis nach Klassifizierung und Hierarchisierung geht sogar so weit, dass es sich auch auf die Spitzenweine aus Bordeaux und Burgund erstreckt. Natürlich kennt das europäische Weinrecht, dem sowohl das deutsche als auch das französische Weinrecht angeglichen sind, verschiedene Güteklassen. Gemeint ist hier jedoch in erster Linie die Klassifizierung der *Châteaux*, also der Weingüter im Médoc, die 1855 zur Weltausstellung in Paris vorgenommen wurde. Eingeteilt wurden die Spitzenweine in sechs Kategorien (*crus*): Maßstab war im Wesentlichen der in den letzten 100 Jahren erzielte Marktpreis für den vom jeweiligen Weingut erzeugten Wein. Diese Klassifikation wurde bisher nur ein einzige Mal 1973 geändert, als *Château Mouton-Rothschild* vom *Deuxième* zum *Premier grand cru* aufstieg.

Bereits 1855 hat man auch eine Klassifizierung der edelsüßen Weißweine von Sauternes und Barsac vorgenommen. 100 Jahre später folgten dann die Weine von Saint-Emilion. Noch später, nämlich 1984, hat man sich entschlossen, auch die Burgunder Spitzenweine zu klassifizieren. Hier gibt man sich allerdings mit zwei Klassen zufrieden: *Grand cru* und *Premier cru.*

Festgelegte Hierarchien fordern jedoch auch dazu auf, sie in Frage zu stellen. Das geschah bei einer Weinverkostung 2009, bei der von 15 Weinkennern aus der ganzen Welt 11 Bordeauxweine verkostet wurden. Dabei belegte der einfache AOC-Wein *Château de Reignac* für 15€ die Flasche den zweiten Platz, während beispielsweise der *Premier Cru Château Mouton-Rothschild* nur auf dem 6. Platz landete. Das teuerste Gewächs, ein *Château Pétrus* für über 1500€ pro Flasche, musste sich mit dem 8. Platz zufrieden geben.

Aber: Wer in der Pariser Schickeria berichtet, einen hervorragenden *Château de Reignac* getrunken zu haben, wird kaum mehr als ein mitleidiges Lächeln ernten. Bewunderung und Anerkennung dagegen ist demjenigen sicher, der sich einen *Château Mouton-Rothschild* oder einen Château *Pétrus* leisten kann. Spitzenplätze in der Hierarchie verleihen Prestige, egal ob es sich um Wein, Beruf oder Politik handelt.

UND DANN NOCH…

Es gäbe noch vieles über unser seltsames, aber liebenswertes Nachbarvolk zu sagen. Da wäre zunächst seine Liebe zu Uniformen. Nicht nur die Militärparade am 14. Juli auf den *Champs-Elyées* legt davon Zeugnis ab. Dort glänzen Gendarmerie, Polizei und Militär in ihren Galauniformen und machen die ganze Nation stolz. Aber auch die Präfekten legen zu allen offiziellen Anlässen ihre Uniform an, ebenso wie die sogenannten Unsterblichen der *Académie française*. Anders als in Deutschland, wo das Dritte Reich die Liebe zur Uniform endgültig ausgemerzt hat, vermittelt diese in Frankreich das Prestige von Eleganz, Tradition und Elite.

Die Militärparade am 14. Juli ist vor allem deswegen der Stolz der Nation, weil sie die militärische Größe und die Unabhängigkeit (*l'indépendance*) Frankreichs der ganzen Welt vor Augen führt. Frankreich ist eine große Nation, Veto-Macht der Vereinten Nationen und Atommacht, deren Energie-Unabhängigkeit durch unzählige Kernkraftwerke gesichert wird.

Die allerorts festzustellende Prunkentfaltung entspricht diesem Selbstverständnis. Der Staatspräsident residiert und empfängt in den pompösen Räumen des Elysée-Palasts, bei Staatsbesuchen präsentiert die historische *Garde républicaine*. Ein Vergleich mit dem nüchtern-modernen Kanzleramt oder mit dem Sitz des Bundespräsidenten im Schloss Bellevue macht den Unterschied augenfällig deutlich. Und wenn der Präsident ausländische Staatsgäste besonders beeindrucken will, wie beispielsweise den russischen Präsidenten Putin, wählt er als glanzvollen Rahmen das Königsschloss von Versailles.

Aber auch banalere Dinge wären noch erwähnenswert. Wer hat als Frankreich-Besucher nicht schon mit französischen Betten Bekanntschaft gemacht? Normalerweise sind Ehebetten - und häufig auch Hotelbetten - nur 1,40 Meter breit und haben keine Federbetten. Anstelle der Kopfkissen befindet sich häufig eine Nackenrolle, an die sich der deutsche Kopf nur schwer gewöhnt.

Wer schon einmal bei seinem Aufenthalt beim Arzt war, weiß nicht nur, dass das ärztliche Rezept nicht *recette* (das ist ein Küchenrezept), sondern *ordonnance* heißt. Er musste seine Rechnung auch direkt in der Praxis bezahlen. Wenn man ihm dann Medikamente verschrieben hat, hat ihm der Apotheker vielleicht erzählt, dass die Franzosen weltweit die größten Konsumenten von Arzneimitteln sind. Vor allem Psychopharmaka werden massenhaft konsumiert. Diese Tatsache scheint im Widerspruch zu stehen zu dem von uns oft bewunderten französischen Lebensgefühl der Unbekümmertheit und *des laisser faire, laisser vivre.*

Dieser und viele andere Widersprüche, die neben der zentralistischen Einheitlichkeit Frankreich ausmachen, sind immer wieder von neuem faszinierend. Vor allen Dingen für uns, die wir diesem Land doch so nahe sind und das wir so gut zu kennen glauben. In einem Artikel in der Tageszeitung *Libération* vom 26.12.2017 über eine aus bürokratischen Gründen misslungene Katzenadoption in Berlin schreibt die Journalistin Johanna Luyssen abschließend über ihre Erfahrungen mit Deutschland:

„Ce voisin qu'on croit connaître très bien mais qu'on comprend si mal. Un pays ni tout à fait le même ni tout à fait autre."

Dieses Fazit trifft auch auf unsere Sicht auf Frankreich zu:

„Dieser Nachbar, den man sehr gut zu kennen glaubt, aber den man so schlecht versteht. Ein Land, nicht ganz das gleiche und nicht ganz ein anderes."

Aber vielleicht haben diese Ausführungen ein wenig dazu beigetragen, unseren französischen Nachbarn ein bisschen besser zu kennen und zu verstehen.

QUELLEN

Bau, C. (1.10.2018) Die Politik verachtet uns. (Interview) *Süddeutsche Zeitung.*

Doutriaux, C. (2013). *Karambolage - Das Buch der deutsch-französischen Eigenarten.* München: Knesebeck Verlag.

Durand, B. (2002). *Cousins par alliance. Les Allemands en notre miroir.* Paris: Editions Autrement.

Geistmann, C. (2003). *Erfolg durch interkulturelle Kompetenz. In drei Schritten zur Entwicklung interkultureller Kompetenz aufgezeigt am Beispiel der Handelspartner Frankreich und Deutschland.* Norderstedt: BOD GmbH.

Grosser, A. (2005). *Wie anders ist Frankreich.* München: C.H. Beck.

Luyssen, J. (26. Dezember 2017). La vie rêvée d'un chat allemand. *Libération.*

Macron, E. (14. Oktober 2017). Wir brauchen politisches Heldentum (Interview). *Der Spiegel, 42.*

Moreau, E. (7. März 2017) La journée d'une femme en détail. *Parents.*

Otto, C. (2016). Wie steht es ums Deutsche im Elsass? *Sprachspiegel – Heft 3 - 2016*

Schäfer, L. (2013). *Français et Allemands - Franzosen und Deutsche* . München: dtv Verlagsgesellschaft.

Wickert, U. (2017). *Frankreich muss man lieben, um es zu verstehen.* Hamburg: Hoffmann und Kampe Verlag GmbH.

Wismann, H. (2012). *Penser entre les langues.* Paris: Albin Michel.

Yalom, M. (2013). *Wie die Franzosen die Liebe erfanden: Neunhundert Jahre Leidenschaft.* München: Graf Verlag .

ÜBER DEN AUTOR

Geboren in der Südpfalz, verheiratet mit einer Französin, zwei Kinder. Studium der Germanistik und Romanistik, Fremdsprachenassistent in Autun (Burgund). 40 Jahre Gymnasiallehrer im Raum Weinheim an der Bergstraße. Zahlreiche Frankreichreisen mit Schülern und Erwachsenen. Lehrtätigkeit im Rahmen des Deutsch-Französischen Jugendwerks und der Volkshochschule. Co-Autor folgender Veröffentlichungen:

Kleinschroth, R., Maupai, D. (1992). *La Grammaire en s'amusant.* Reinbek: Rowohlt Taschenbuch Verlag .

Kleinschroth, R., Maupai, D., Maupai, A.-L. (2001). *Flüssiges Französisch - Mit Redensarten zu mehr Eloquenz.* Reinbek: Rowohlt Taschenbuch Verlag.

Printed in Poland
by Amazon Fulfillment
Poland Sp. z o.o., Wrocław

60552660R00078